BEI GRIN MACHT S
WISSEN BEZAHLT

- Wir veröffentlichen Ihre Hausarbeit,
  Bachelor- und Masterarbeit

- Ihr eigenes eBook und Buch -
  weltweit in allen wichtigen Shops

- Verdienen Sie an jedem Verkauf

Jetzt bei www.GRIN.com hochladen
und kostenlos publizieren

GRIN

Michael Reichmayr

Verborgene Schätze. Der Fund eines Buchbestands in der Stiftsbibliothek Admont und praktische Daten zu weiteren Klosterbibliotheken

GRIN Verlag

Bibliografische Information der Deutschen Nationalbibliothek:

Die Deutsche Bibliothek verzeichnet diese Publikation in der Deutschen National-
bibliografie; detaillierte bibliografische Daten sind im Internet über http://dnb.d-
nb.de/ abrufbar.

Impressum:

Copyright © 2002 GRIN Verlag GmbH
Druck und Bindung: Books on Demand GmbH, Norderstedt Germany
ISBN: 978-3-656-75773-3

Dieses Buch bei GRIN:

http://www.grin.com/de/e-book/119001/verborgene-schaetze-der-fund-eines-
buchbestands-in-der-stiftsbibliothek

GRIN - Your knowledge has value

Der GRIN Verlag publiziert seit 1998 wissenschaftliche Arbeiten von Studenten, Hochschullehrern und anderen Akademikern als eBook und gedrucktes Buch. Die Verlagswebsite www.grin.com ist die ideale Plattform zur Veröffentlichung von Hausarbeiten, Abschlussarbeiten, wissenschaftlichen Aufsätzen, Dissertationen und Fachbüchern.

Besuchen Sie uns im Internet:

http://www.grin.com/

http://www.facebook.com/grincom

http://www.twitter.com/grin_com

Verborgene Schätze

Entdeckung eines Buchbestands in der Stiftsbibliothek Admont

&

Praktische Daten zu acht steirischen Kloster- bzw. kirchlichen Bibliotheken

Abschlussarbeit zum Ausbildungslehrgang
für Informations- und Dokumentationsfachleute
im nichtöffentlichen Bereich 2001/2002

von

Michael Reichmayr

Graz, im April 2002 - Online-Version. Letzte Änderung: 2005-10-07 © M.R.

Inhalt

Einleitung

Habent sua fata libelli

Vor einiger Zeit stieß ich in Admont in der Steiermark durch Zufall auf einen wenig bekannten Buchbestand der dortigen Benediktiner-Stiftsbibliothek. Die Schachtel mit der Aufschrift "Katalog: Slovenische (jugoslavische) Literatur" weckte sofort mein Interesse als Studierender der Fächer Slowenisch, Serbokroatisch und Geschichte. Der Archivar und Bibliothekar des Klosters, Dr. Johann Tomaschek, erklärte mir, dass es sich dabei um Bücher aus den Nachlässen von Patres aus der ehemaligen Untersteiermark handelt. Um diesen Bestand zu kollationieren bzw. einem interessierten Publikum bekannt und zugänglich zu machen, bot sich mir die Gelegenheit, die von den steirisch-slowenischen Benediktinerbrüdern des 19. Jahrhunderts gesammelten slowenischen (und in geringem Umfang kroatischen) Werke zu sichten. Eine Woche lang konnte ich im Tiefgeschoss des Stiftes Admont in die Bücherwelt der "slowenischen Admonter" eintauchen, wo seit über 100 Jahren in zwei großen Archivregalen an die 500 Druckwerke lagern. In einem ersten Schritt verglich ich den Katalog mit dem tatsächlich noch vorhandenen Bestand und erfasste diesen sodann bibliographisch.

Bald stellte sich heraus, dass sich durchaus nicht nur oder überwiegend religiöse Literatur darunter befand, sondern auch viele natur-, sprach- und kulturwissenschaftliche Kostbarkeiten, z.B. die volkskundlichen Studien zum Geistesleben der steirischen Slowenen von Josef Pajek (Ljubljana 1884), die von Karl Štrekelj gesammelten slowenischen Volkslieder "Slovenske narodne pesmi" (12 Bände, Ljubljana 1895-1908) und vieles Ähnliches mehr. Ich erinnerte mich an die lückenhaften Sammlungen bzw. den schlechten Zustand entsprechender Bestände in diversen Slawistik-Institutsbibliotheken und stellte daher den Kontakt zur Bibliothek des Instituts für Slawistik in Graz her, zwecks Übernahme der hier praktisch nicht benützten, am Institut jedoch sehr gefragten Schriften. Mir schien es sinnvoll, diesen zwar kleinen, aber historisch und slavistisch sehr ergiebigen Bibliotheksteil den auf kulturwissenschaftlichem Gebiet Forschenden bekannt und zugänglich zu machen. Trotz anfänglichen Interesses beider Seiten blieb diese Initiative jedoch letztlich ohne Erfolg, da die klösterliche Obrigkeit diesen Buchbestand als unverzichtbare Dokumentation einstigen geistigen Lebens des Stiftes befand und daher nicht veräußern wollte. So führt die Slavica Admontensia weiter ihren Dornröschenschlaf in den Archivräumlichkeiten des Stiftes Admont und es bleibt den an einer Einsichtnahme Interessierten nur der Weg ins Kloster, wo sie vom dortigen Archivar und Bibliothekar sicher genauso freundlich aufgenommen und fachkundig beraten werden, wie dies bei mir der Fall war.

Mit dieser Arbeit wird einerseits der hier erwähnte Admonter Buchbestand und seine Geschichte vorgestellt (*Kapitel 1:* **Die Slowenen von Admont**). Da mir bis dato eine systematische Erfassung von weiteren kulturhistorisch, sprach- oder literaturwissenschaftlich bedeutenden, jedoch "verborgenen" Schätzen in anderen Klöstern und Stiften, etwa in St. Paul im Lavanttal, Innichen, St. Lambrecht, Seckau oder Kremsmünster, aus Zeitgründen nicht möglich war, versteht sich die vorliegende Arbeit andererseits aber auch als Anregung für weitere Forschungen auf diesem Gebiet (*Kapitel 2:* **Daten und Informationen zu acht steirischen Kloster- bzw. kirchlichen Bibliotheken und -archiven**).

Die Bestände österreichischer Stifts- und Klosterbibliotheken und -archive sind nämlich noch weit davon entfernt, einer größeren Öffentlichkeit in einer Form zugänglich zu sein, wie dies etwa vorbildlich durch die Digitalisierung von Handschriftenbeständen der Universitätsbibliothek Graz ermöglicht wurde (Siehe *Anhang 1:* Hans Zotter, Die Digitalisierung des Steirischen Dokumentenerbes).

Das mehr oder weniger zufällige Auffinden des slowenischen Buchbestandes im Stift Admont zeigt, dass im Zuge künftiger Recherchen, bei der Erfassung und Digitalisierung kirchlicher Buch- und Archivbestände durchaus mit Überraschungen zu rechnen ist. Die erhobenen und hier präsentierten aktuellen Daten (Stand April 2002) zu acht steirischen[1] kirchlichen bzw. Klosterbibliotheken und -archiven sollen die Kontaktaufnahme für weitere Untersuchungen auf diesem Gebiet erleichtern. Die Kurzbeschreibungen der jeweiligen Bestände, sowie der noch unveröffentlichte Artikel von Walter Steinmetz über die Reiner Stiftsbibliothek, Armarium Runense (*Anhang 2*), geben einen ersten Einblick in die wenig bekannten Schätze der steirischen Klöster.

Verwendete und weiterführende Literatur:

Anton Bezenšek (Hrsg.), Svečanost o priliki sedemdesetletnice Dr. Janeza Bleiweisa dne 19. novembra 1878. Z uvodom Dr. Fr. J. Celestin-a., Zagreb 1879.

Pius Fank, Das Chorherrenstift Vorau und sein Wirken in Vergangenheit und Gegenwart. Graz 1925, v.a. S. 151-158 (Die Stiftsbibliothek)

Festschrift zur Eröffnung des Modestusheimes in Klagenfurt am 17. November 1984, Klagenfurt/Celovec 1984.

Germania Benedictina, Die Benediktinischen Mönchs- und Nonnenklöster in Österreich und Südtirol. Daraus: Bibliotheksgeschichte Admont (Band III/1, München 2000, S. 141-148), Bibliotheksgeschichte St. Lambrecht (Band III/1, München 2000, S. 350-353) sowie Bibliotheksgeschichte Göss (Band III/2, München 2001, S. 743-744).

Handbuch der Bibliotheken in Deutschland, Österreich und der Schweiz, 7. Ausgabe, München 2001 (Vlg. K.G. Saur).

F. Kinnast (Hrsg.), Album Admontense seu Catalogus religiosorum Ordinis S. P. Benedicti in Abbatia Admontensi Superioris Stiriae anno jubilaeo 1874, Graz 1874.

Slovenska Matica (Hrsg.), Národni koledar, sporočilo in letopis Matice Slovenske za leto 1869, Ljubljana 1868.

Walter Steinmetz, Armarium Runense (unveröffentlicht).

Jacob Wichner, O.S.B., Catalogus codicum manu scriptorum Admontensis, 1889.

Internet-Links:

Admont:
http://www.stiftadmont.at/

St. Lambrecht:
http://www.stift-stlambrecht.f2s.com/

Rein:
http://www.stift-rein.at/biblioth.htm

Seckau:
http://www.abtei-seckau.at/willk.html

Vorau:
http://www.stift-vorau.at/stift/bibliothek.asp

Bischöfliches Priesterseminar der Diözese Graz-Seckau:
http://bibliothek.hypermart.net/

Zentralbibliothek der Wiener Franziskanerprovinz in Graz:
http://www.oeaw.ac.at/ksbm/grazofm/allg.htm
http://www.oeaw.ac.at/ksbm/grazofm/verz_ma.htm

Die Digitalisierung des Steirischen Dokumentenerbes:
http://www.dbi-berlin.de/dbi_pub/bd_art/bd_2000/00_03_01.htm
http://www.ub.kfunigraz.ac.at/SOSA/sosa.html
http://www.ub.kfunigraz.ac.at/SOSA/katalog/index.html

Kommission für Schrift- und Buchwesen des Mittelalters der Österreichischen Akademie der Wissenschaften:
http://www.oeaw.ac.at/ksbm/index.htm

Slowenische Handschriften in lateinischer Schrift:
http://www.oeaw.ac.at/ksbm/slo/index.htm

Datenbank "Früh- und hochmittelalterliche Buchmalerei in Österreich":
http://mailbox.univie.ac.at/Friedrich.Simader/hssdata.htm

---

[1] Auf Grund der Materialfülle musste ich mich auf die größeren Klöster- bzw. kirchlichen Bibliotheken eines Bundeslandes beschränken.

Kapitel 1

Die Slowenen von Admont

Im Mitgliederverzeichnis der Buchgemeinschaft Matica Slovenska findet sich für das Jahr 1868 folgende Aufstellung:

"Razvrstitev Matičnih udov /.../
VII. Udje raznih škofij.
(Kraji v abecednem redu.)
1. Admont - Poverjenik: Pivec o. Maksimilijan.

    * Lajh o. Korbinijan.
    * Matevžič o. Eginard.
    * Pivec o. Maksimilijan.
    * Vagaja o. Rudolf.
    Baumgartner o. Beno kapitular.
    Rešek o. Enrik, bogosl. profesor.
    Šlander o. Emeran.
    Švarc o. Alkuin, kaplan
    Trček o. Egidij."[2]

Bei den mit * gekennzeichneten Patres handelt es sich um Gründungsmitglieder der Matica Slovenska[3]. Dem Familiennamen folgt jeweils der Ordensname und diesem ggf. das kirchliche Amt oder der Beruf des Genannten.

Diese 9 Benediktinerpatres stammten aus verschiedenen Orten der damaligen Steiermark und Krains, zum Beispiel der an erster Stelle genannte Vertrauensmann Maximilian Pivec (Pivc) aus steirisch Reifnigg/Ribnica oder Ägidius Trček aus Möttling/Metlika.

Kirchenrechtlich zu Admont gehörig waren zu jener Zeit folgende untersteirische Pfarren: Jarenina/Jahring, Svečina/Witschein, Sveti Jakob/St.Jakob in Windischbüheln, Sveti Jurij/St.Georgen an der Pössnitz, Sveti Jurij/St.Georgen in Windischbüheln, Sveti Lenart/St.Leonhard, Spodnja sveta Kungota/Unter St. Kunigund, Šentilj/St.Egid in Windischbüheln. Das Stift Admont hatte darüber hinaus Besitzungen in den Gemeinden Jarenina/Jahring, Ljutomer/Luttenberg, Gornja Radgona/Oberradkersburg und Racji dvor/Razerhof.

Für das Jubiläumsjahr 1874 (800-Jahr-Feier des Benediktinerstiftes Admont) wurde von Pater Florian Kinnast ein Personalstands-Schematismus zusammengestellt und veröffentlicht[4], der zwar außer den genannten vier Gründungsmitgliedern nur noch P. Heinrich Rešek als Mitglied der Matica Slovenska anführt, die fünf Genannten jedoch (mit zwei weiteren: P. Sigismund Galla und P. Ernest Lorber) auch als Mitglieder der St. Hermagoras-Gesellschaft (Družba svetega Mohorja) ausweist. Diese war eine 1851 in Klagenfurt gegründete Buchgemeinschaft (später mit eigener Druckerei) mit dem erklärten Ziel,

---

[2] "Aufstellung der Matica-Mitglieder /.../ VII. Mitglieder der verschiedenen Bistümer. (Orte in alphabetischer Reihenfolge.) 1. Admont - Beauftragter: Pivec o. Maximilian. [es folgen 9 Namensnennungen]". Aus: Slovenska Matica (Hrsg.), Národni koledar, sporočilo in letopis Matice Slovenske za leto 1869, Ljubljana 1868, S.79. (Übersetzung M.R.).

[3] Die *Matica Slovenska* (ab 1894 auch bzw. heute *Slovenska Matica* genannt) war eine 1864 in Laibach/Ljubljana gegründete, eher weltlich-bürgerliche Buchgesellschaft zur Förderung von wissenschaftlichen und literarischen slowenischen Publikationen. Entsprechende Buchgemeinschaften waren in Serbien die *Matica srpska* (gegründet 1826 in Pešt, seit 1864 Sitz in Novi Sad), in Böhmen die *Matica česká* (gegr. 1831 in Prag), in Kroatien die *Matica ilirska* (gegr. 1842 in Agram/Zagreb, ab 1874 *Matica hrvatska*) bzw. die *Matica dalmatinska* (gegr. 1862 in Zadar, 1911 in der *Matica hrvatska* aufgegangen).

[4] F. Kinnast (Hrsg.), Album Admontense seu Catalogus religiosorum Ordinis S. P. Benedicti in Abbatia Admontensi Superioris Stiriae anno jubilaeo 1874. Graz 1874.

"in slowenischer (windischer) Sprache /.../ nützliche, erbauliche Volks- und Prämien-
bücher zu verfassen, in den Druck zu legen und um den möglichst billigsten Preis unter das Volk zu bringen."[5]

So hatte es 1845 der spätere Bischof des Bistums Lavant, Anton Martin Slomšek, formuliert und
mit den Vereinsstatuten (vorerst vergeblich) bei den Zentralbehörden in Wien eingereicht.

In den genannten Quellen finden sich also elf Patres im Stift Admont, die als Mitglieder einer oder
auch beider slowenischer Buchgesellschaften aufscheinen.

1878, fünf Jahre nach der Veröffentlichung des Jubiläums-Schematismus, unterzeichneten die
'Slowenen im Stift Admont' ein Glückwunschtelegramm anlässlich des 70. Geburtstages von Janez
Bleiweis, dem "Vater der Heimat, Liebling des Volkes und Erwecker slavischen Bewusstseins,
Förderer der Volksveredelung, Ruhm und Stolz des Slaventums", wie es in dem Schreiben unter
anderem heißt:

"Telegrami.
a) Od Slovencev.
Admont. - Očetu domovine, ljubljencu naroda, a zbuditlju slovenske zavesti, pospeše-
vatelju narodnega oblaženja, diki in ponosu Slavjanstva, čestitajo o priliki njegovega
sedemdestletnega rojstvenega dneva
Slovenci Benediktinskega zavoda v Admontu."[6]

Ende der siebziger Jahre des 19. Jahrhunderts lebten im Stift Admont insgesamt ca. 90 Klosteran-
gehörige, von denen knapp über 10% slowenischer Muttersprache waren und sich als 'Slowenen
des Benediktinerstifts in Admont' bezeichneten. Beachtenswert ist, dass gleich mehrere der Genannten nicht nur als Mitglied (*sodalis*), sondern als Gründer (*fundator*) der Matica Slovenska
ausgewiesen sind, was als besonderes Engagement für das erwachende slowenische Nationalbe-
wusstsein gewertet werden kann.
Alle im Jubiläums-Schematismus genannten Matica-Slovenska-Mitglieder waren auch Mitglieder
der Hermagoras-Gesellschaft, während umgekehrt die Hermagoras-Mitgliedschaft nicht automa-
tisch eine solche bei der Matica bedeutete.

In der Bibliothek des Benediktinerstifts Admont in der Steiermark wurde in der zweiten Hälfte des
19. Jahrhunderts (vor allem aus den Beständen und Nachlässen der slowenischen Patres) eine
Sammlung slowenischer (und kroatischer) Literatur angelegt, die fast vollständig (gesondert katalogisiert) erhalten geblieben ist. Dieser Bestand wurde gesichtet und kollationiert (siehe folgenden
Katalog **"Slovenische (jugoslavische) Literatur"**).

Die von den slowenischen Patres in Admont privat gesammelten Bücher und Zeitschriften bzw.
die ihnen sonst in der Stiftsbibliothek zugänglichen slowenischen Werke lassen Rückschlüsse auf
ihr kulturelles Selbstverständnis zu. Neben der Mitgliedschaft in den zwei genannten slowenischen Buchgemeinschaften (Družba svetega Mohorjeva und Matica Slovenska) belegt die ihnen
zur Verfügung stehende Literatur auch die Interessen und das Engagement in den für die slowenisch sprechende Bevölkerung damals (zweite Hälfte des 19. Jahrhunderts) wichtigen kulturpoliti-
schen Themen, z. B. "Illyrismus", Panslavismus" oder "ABC-Krieg". Man beachte in diesem Zusammenhang den großen Anteil an Werken mit nicht unmittelbar kirchlich-religiösem Inhalt.

---

[5] Zit. n. einer Faksimile in: Festschrift zur Eröffnung des Modestusheimes in Klagenfurt am 17. November 1984,
Klagenfurt/Celovec 1984, S.16.
[6] Anton Bezenšek (Hrsg.), Svečanost o priliki sedemdesetletnice Dr. Janeza Bleiweisa dne 19. novembra 1878. Z
uvodom Dr. Fr. J. Celestin-a., Zagreb 1879, S.59.

Katalog "Slovenische (jugoslavische) Literatur"[7]

(Abkürzungen: **Hrsg.** = Herausgeber; **S.** = Seitenanzahl; in eckigen Klammern: Übersetzung, Kommentar oder sonstige Erläuterungen d.Verf.; **Nr.**= Inventarnummer im Katalog "Slovenische (jugoslavische) Literatur"; **N** = Nicht vorhanden. Slovenska Matica: siehe unter Matica Slovenska)

J. Aljaž (Hrsg.), Slovenska Pesmarica. Družba svetega Mohorja. Celovec 1900. 220+4 S. [Liederbuch] Nr.139.

J. Andrejka, Slovenski fantje v Bosni in Hercegovini 1878. Ob petindavajsetletnici bosenske zasedbe, 1. snopič. Družba sv. Mohorja v Celovcu. Celovec 1904. 208 S. Nr.1a.

J. Andrejka, Slovenski fantje v Bosni in Hercegovini 1878. Ob petindvajsetletnici bosenske zasedbe, 2. snopič. Družba sv. Mohorja v Celovcu. Celovec 1905. 176 S. Nr.1b.

Angeljček. Otrokom prijatelj, učitelj in voditelj, 3. zvezek. Hrsg. v. A. Kržič. Katoliška Tiskarna. Ljubljana 1887. Nr.2.

Angeljček. Otrokom prijatelj, učitelj in voditelj, 4., 5., 6. tečaj. Hrsg. v. A. Kržič. Ljubljana 1896, 1897, 1898. Nr.2.

J. Apih, Slovenci in 1848. leto. Matica Slovenska. Ljubljana 1888. 302+4 S. Fester Einbd. Nr.4.

J. Apih, Naš cesar. Spomenica ob 50-letnici njegove vlade. Družba sv. Mohorja. Celovec 1898. 208 S. Nr.3.

G. Arnold, Izabrane pjesme. Zabavna knjižnica Matice Hrvatske. Matica Hrvatska. Zagreb 1899. Nr.130.

I. Baloh, Črtice. Samozaložba. Kamnik 1905. 184 S. Nr.5.

F. Baraga, Dušna paša za kristjane, ki želé v duhu in v resnici moliti Boga. Družba sv. Mohorja v Celovcu. Celovec 1905. 416 S. Nr.6.

A. Bauer, (Zagrebački) Priručnik rimskoga obrednika. Zagreb 1933. 320 S. Fester Einbd. Nr.162.

F. Baš, Janko Glaser et al.(Hrsg.), Časopis za zgodovino in narodopisje (ČZN), št. 34/1939. 256+14 S. Nr.7.

F. Bevk, Stražni ognji. Povest. Slovenskih Večernic 84. zvezek. Družba svetega Mohorja. Celje 1931. 159 S. Nr.241.

A. Bezenšek, Bolgarija in Srbija. Družba sv. Mohorja. Celovec 1897. 237+3 S. Nr.8.

A. Bezenšek (Hrsg.), Svečanost o priliki sedemdesetletnice Dr. Janeza Bleiweisa dne 19. novembra 1878. Z uvodom Dr. Fr. J. Celestin-a. Zagreb 1879. 96+1 S. Nr.9.

J. Bilc, Tarbula, devica mučenica. Samozaložba. Ljubljana 1899 (1901). 49+2 S. Nr.10.

J. E. Bíly, Zgodovina svetih apostolov slovanskih Cirila in Metoda. Janez Majciger. Prag 1863. 105 S. Nr.233a.

M. Bogović, Pjesnička djela. Pripoviesti. Matica Hrvatska. Matica Hrvatska. Zagreb 1894. 347+1 S. Nr.124.

F. Bradač, Ivan Pregelj, Slovenski nemški slovar. Slovenisch-deutsches Wörterbuch. Jugoslovanska knjigarna. Ljubljana 1930. 625 S. Fester Einbd. Nr.11.

J. Brinar, Anton Martin Slomšek kot pedagog. Dragotin Hribar. Celje 1901. 94 S. Nr.13.

J. Brinar, Lisica Zvitkorepka. Živalske pravljice za odrastlo mladino. Slovenskih Večernic 56. zvezek. Celovec 1904. 143+1 S. Nr.12.

I. Broz, Stjepan Bosanac (Hrsg.), Junačke pesme. Hrvatske narodne pjesme. Matica Hrvatska. Zagreb 1896. 610 S. [Heft 3 fehlt]. Nr.126.

H. Burmeister, Načalnoje osnovanije Zveroslovija. Übers.v. V. A. Voljan'. Wien 1852. 235+12 S. Russisch. Fester Einbd. Nr.223.

V. Car Emin, Pusto ognjište. Zabavna knjižnica Matice Hrvatske. Matica Hrvatska. Zagreb 1900. Nr.130.

A. Cebuský, Kurzgefaßte Grammatik der Böhmischen Sprache. Verl. L.W. Seidel. Wien 1850. 180+1 S. Nr.14.

M. Cigale, Znanstvena terminologija s posebnim ozirom na srednja učilišča. Deutsch-slovenische wissenschaftliche Terminologie. Matica Slovenska. Ljubljana 1880. 171 S. Nr.15.

---

[7] Anmerkung zur Beschreibung des Zustands der Publikationen in den folgenden Bibliographien: Der Großteil der Bücher und Zeitschriften ist gut erhalten. Ihre Größe wird nicht gesondert angegeben, da sie zum überwiegenden Teil im Oktav-Format (d.h. 18 bis 25 cm Höhe) vorliegen, z. T. in noch unbeschnittenem Zustand. Einige wenige Bücher bzw. Zeitschriften sind größer (4°). Sie liegen großteils im originalen, broschierten Einband (mit Schmutztitel) vor. In diesem Fall folgt kein gesonderter Eintrag. Wenn es sich um Bände mit festem Einband (aus Karton, Pappe) handelt, lautet der Vermerk "Fester Einbd."

M. Cilenšek, Naše škodljive rastline v podobi in besedi, 1. - 5. snopič. Družba sv. Mohorja. Celovec 1892-1896. 768 S. Nr.16.

E. H. Costa (Hrsg.), Vodnikov spomenik. Vodnik Album. Ljubljana 1859. 268+6 S. Fester Einbd. Nr.18.

Cvetje iz domačih in tujih logov. Viljem Tell - 1.zvezek. Übers. aus dem Griech. v. Ivan Božič. Celovec 1862. Nr.19. N.

Danica. Cerkveni list za vse slov.pokrajine, 1.letnik, list 1-52. Ljubljana 1903. Nr.20. N.

D. de Foë, Robinson starši, njegove vožnje in čudezne dogodbe. Übers.v. Janez Parapat. Družba svetega Mohorja. Celovec 1876. 141+2 S. Nr.151.

Dom in svet. Ljubljana 1900-1905 [lt. Katalog vorh.: 13.Jg.(1900): 1-19, 14.Jg.(1901): 10,11,12, 15.Jg.(1902): 1-12, 16.Jg.(1903): 1-12, 17.Jg.(1904): 1-12, 18.Jg.(1905): 1]. Nr.22. N.

Drobtinice. Hrsg. v. J. Rozman. Celovec 1851. Nr.13.

Drobtinice. Hrsg. v. F. Lampe. Ljubljana 1887-1893. Nr.23. N.

Družba svetega Mohora (Hrsg.), Koledarček družbe svetega Mohora za prestopno leto 1868, 1872. Celovec 1867, 1871. Nr.137.

Družba svetega Mohora (Hrsg.), Mati Božja dobrega svèta ali bratovska ljubezen. Slovenskih vecernic 17. zvezek. Družba svetega Mohorja. Celovec 1868. 119+1 S. Nr.135.

Družba svetega Mohora (Hrsg.), Koledarček družbe svetega Mohora za navadno leto 1869, 1870, 1871. Celovec 1868, 1869, 1870. Nr.137.

Družba svetega Mohora (Hrsg.), Koledar družbe svetega Mohora za leto 1873, 1874, 1875, 1877, 1880, 1881, 1882, 1885. Celovec 1872, 1873, 1874, 1876, 1879, 1880, 1881, 1884. [1876, 1883, 1884 fehlt]. Nr.136.

Družba svetega Mohora (Hrsg.), Koledar družbe svetega Mohor(j)a za leto 1887, 1888, 1890, 1891, 1892, 1893, 1894. Celovec 1886, 1887, 1889, 1890, 1891, 1892, 1893. [Koledar za l. 1891 fehlt]. Nr.136a.

Družba svetega Mohorja (Hrsg.), Koledar družbe svetega Mohorja za leto 1897, 1898, 1899, 1900, 1901, 1902, 1903, 1904, 1905, 1906, 1907, 1908, 1909. Celovec 1896, 1897, 1898, 1899, 1900, 1901, 1902, 1903, 1904, 1905, 1906, 1907, 1908. Nr.136b.

Družba svetega Mohorja (Hrsg.), Slovenske Večernice za poduk in kratek čas. Sèstavil in družnikom sv. Mohora za Večernice podal Janez Ev. Marinič. Celovec 1872. 110+1 S. Nr.141.

Družba svetega Mohorja (Hrsg.), Slovenske Večernice za pouk in kratek čas. Celovec 1890. 127+1 S. [Beiträge von: I. Križanič, P. Velimir, J. M. Kržišnik, R. Čuček, J. Leban, I. Steklassa, J. Barlè, J. Podboj, A. Koder, I. St., A. Benedik]. Nr.141.

Družba svetega Mohorja (Hrsg.), Slovenske Večernice za pouk in kratek čas. Celovec 1900. 143+1 S. [Beiträge von: Malograjski, A. Medved, Fr. Ks. Meško, J. Trunk, J. Kostanjevec, J. M. Dovič, Podvranski, J. Krenčnik]. Nr.141.

Družba svetega Mohorja (Hrsg.), Slava Gospodu! Molitvenik. Celovec 1902. 378+6 S. Nr.140.

Družba svetega Mohorja (Hrsg.), Slovenska Pesmarica. Slovenska Pesmarica. Celovec 1896. 205+3 S. [Liederbuch]. Nr.139.Duhovni pastir. (Hrsg.v. Kržič-Stroj). 1893-1900 [Vorh.: Jg.10: 11, Jg.11: 5-12, Jg.12: 1-12, Jg.13: 1,2,3, Jg.14: 5-7,10-12, Jg.15: 1-12, Jg.16: 1-12(außer 10), Jg.16(17?): 6,7]. Nr.24. N.

Duhovni pastir, 4.-14.letnik. Hrsg. v. A. Križič und A. Stroj. Ljubljana 1887-1897. [Hrsg. v. Bd. 10: A. Stroj]. Nr.84. N.

F. Dulár, Domači Živinozdravnik. Družba sv. Mohorja. Celovec 1890. 221+3 S. Nr.26.

F. Dulár, Umna živinoreja, 1. in 2. knjiga. Družba sv. Mohorja. Celovec 1894, 1895. 204+4 (1), 205+3 (2) S. Nr.25.

Elegia pripoštovanomu Franji Kolungjichu. Budim 1826. Nr.27. N.

F. Erjavec, Rudninoslovje ali mineralogija za niže gimnazije in realke. Matica Slovenska. Ljubljana 1867. 88+8 S. Nr.29.

F. Erjavec, Domače in tuje Živali v podobah. Slovenskih Večernic 18., 20., 22., 25., 30. zvezek. Družba sv. Mohora. Celovec 1868, 1869, 1870, 1871, 1873. Nr.30.

F. Erjavec, Naše škodljive živali v podobi in besedi, 1.in 3. snopič. Družba sv. Mohorja. Celovec 1880, 1882. (328+8) S. [Heft 2 fehlt]. Nr.28.

L. Ferčnik (Hrsg.), Slovenski Goffine ali Razlaganje cerkvenega leta. Celovec 1878-1881. 928 S. Nr.31.

A. Foerster, Cecilia. Cerkvena pesmarica. Družba sv. Mohora. Celovec 1883, 1884. 407+4 S. Nr.32.

I. Fürst, Kraljević Radovan. Zabavna knjižnica Matice Hrvatske. Zagreb 1897. Nr.130.

E. Gangl, Véliki trgovec. Slovenskih Večernic 54. zvezek. Družba sv. Mohorja. Celovec 1902. 224 S. Nr.33.

I. Geršak, Čitavnica. Podučivni list za slovenski narod. Leuschner in Lubenski. Gradec 1865, 1866. (368 S.) [Heft 1 fehlt]. Nr.34.

K. Š. Gjalski, Diljem doma. Zabavna knjižnica Matice Hrvatske. Zagreb 1899. Nr.130.

S. Gjurašin, Ptice. Prirodopisne i kulturne crtice. Poučna knjižnica Matice Hrvatske, knjiga 24. Zagreb 1899. 318 S, mit 107 Abb. Nr.35.

K. Glaser, Zgodovina slovenskega slovstva. Ljubljana 1894, 1895, 1896, 1898. 217, 276+5, 338+3, 483 S. [komplett]. Nr.36.

K. Glaser (Hrsg.), Mâlavikâ in Agnimitra. Indijska drama Kâlidâsova. Zbirka indijskih gledišcnih iger, 2. zvezek. Trst 1886 (1885). 100+2 S. Nr.37.

J. Godec, Lurska mati božja. Šmarnice in molitvenik. Družba sv. Mohorja. Celovec 1904. 348+4 S. Nr.38.

W. Goethe, Faust, prvi del. Prevodi iz svetovne književnosti. Übers.v. Anton Funtek. Slovenska Matica. Ljubljana 1908. 200 S. Nr.39.

N. Gogol, Mrtve duše. Übers.v. Podgoriški. Ljubljana 1887. Nr.155.

N. V. Gogol, [Unveröffentlichte Texte, Briefe etc.]. Literarnji arhiv. Akademija Nauk SSSR. Russisch. Moskau, Leningrad 1936. 502 S. Fester Einbd. Nr.248.

J. Gomilšak, Potovanje v Rim. Družba sv. Mohora. Celovec 1878. 176 S. Nr.40.

F. Govekar, Umni živinorejec s posebnim ozirom na govedje. Slovenskih Večernic 27. zvezek. Celovec 1872. 94+2 S., Beilage mit 13 Abb. Nr.41.

S. Gregorčič, Poezije. Hrsg. v. I. Gruntar. Ljubljana 1882. 158+2 S. Nr.42.

T. S. J. Gregorčič, Duhovna samota. Rudolfovo 1890. Nr.44. N.

S. Gregorčič, Poezije. Družba sv. Mohorja. Celovec 1908. 141+3 S. Nr.43.

L. Grossman, Žizn' i trud' F. M. Dostojevskogo. Moskau, Leningrad (1936). 375+5 S. Russisch (Biografie F. M. Dostojevskijs). Nr.250.

I. Gršak, Slovenski Štajer. Dežela in ljudstvo. Slovenska Matica. Ljubljana 1868, 1870. 118, 137 S. Nr.45.

O. Hadžić Ivan Milićević (= Osman-Aziz), Bez nade. Zabavna knjižnica Matice Hrvatske. Zagreb 1895. Nr.130.

O. Hadžić Ivan Milićević (= Osman-Aziz), Bez svrhe. Slika iz života. Zabavna knjižnica Matice Hrvatske. Zagreb 1897. Nr.130.

A. Harambašić, Izabrane pjesme. Zabavna knjižnica Matice Hrvatske. Zagreb 1895. Nr.130.

G. Heser, Život Gospodina našega Isusa Krista kako ga četiri evangjelista opisuju. Aus dem Lateinischen v. Josip Stadler. Društvo sv. Jeronima. Zagreb 1895. 210+5 S. Nr.194.

I. Hoić, Slike iz občega zemljopisa (Rusija). Poučna knjižnica "Matice Hrvatske", knjiga 23. Zagreb 1898, 1900. 397+2 S., 456+5 S. Nr.46a, 46b.

A. Homan, Postrežba bolnikom. Družba sv. Mohorja. Celovec 1899. 95+1 S. Nr.47.

D. Hribar (Hrsg.), Ilustrovani Narodni koledar za leto 1900, 1901, 1903. Celje 1899, 1900, 1902. 141+30 S., 147+30 S., 123+30 S. Fester Einbd. Nr.49, 49a, 49b.

F. Hrovat, Franc Pirec. Oče umne sadjereje na Kranjskem in apostolski misijonar med Indijani v severni Ameriki. Družba sv. Mohora. Celovec 1887. 111+1 S. Nr.50.

F. Hubad, Junaki. Knjižnica Družbe sv. Cirila in Metoda. Ljubljana 1889. Nr.17.

F. Ilešič, Kultura in politika. Matica Hrvatska in Matica Slovenska. Zagreb 1908. 18 S. Nr.54.

F. Ilešič (Hrsg.), Hrvatska knjižnica. Matica Slovenska. Ljubljana 1906. 104 S. Nr.55.

F. Ilešič (Hrsg.), Hrvaška knjižnica. Matica Slovenska. Ljubljana 1906. 102 S. Nr.55a.

F. Ilešič (Hrsg.), Trubarjev Zbornik. Matica Slovenska. Ljubljana 1908. 293+1 S. Nr.56.

V. Jagić, Ruska književnost u 18.stoljeću. Matica Hrvatska. Zagreb 1895. 284 S. Nr.57.

F. Jančar, Umni vinorejec. Slovenskih večernic 16. zvezek. Družba sv. Mohora. Celovec 1867. 96 S. Nr.52.

F. Jančar, Umni gospodar ali gospodarsko berilo. Družba sv. Mohora. Ljubljana 1869. 212+3 S. Nr.53.

F. Jaroslav, Dr. Ignacij Knoblehar, apostolski provikar v osrednjej Afriki. Družba sv. Mohora. Celovec 1881. 96 S. Nr.58.

J. Jesenko, Prirodoznanski zemljepis. Matica Slovenska. Ljubljana 1874. 399+5 S. Fester Einbd. Nr.51.

Jug [Zschr."Der Süden"], Hrsg. v. F. Derganc, št.1-5. Dunaj 1901. 168 S. Nr.21.

J. Jungmann (Hrsg.), Časopis k prospěchu času priměrených oprav na gymnasiích. Übers.v. Eduard Vánĕk. Prag 1849. [Nur Heft 6 und 7 vorh. Tschechisch-deutsch]. Nr.242.

J. Kalan, Početek protialkoholnega gibanja na Slovenskem. Knjižnica slov.kršč.soc. zveze. Ljubljana 1902. Nr.59. N.

A. Karlin, V Kelmorajn. Potopisne črtice s slikami. Družba sv. Mohorja. Celovec 1903. 175+1 S., mit zahlr. Fotografien. Nr.60.

Katoliški obzornik. 1897-1899, 1903-1906 [Vorh.: Jg.1(1897): 2,3,4, Jg.2: 1,2,3,4, Jg.3: 1,2,3,4, Jg.7(1903): 3, Jg.8: 1,2,3,4, Jg.9: 1,2,3, Jg.10(1906): 2,3]. Nr.62. N.

T. Kempčan, Hodi za Kristusom! Družba sv. Mohora. Celovec 1888. 402+14 S. Nr.61.

V. Klaić, Bribirski knezovi od plemena Šubić do god. 1347. Matica Hrvatska. Zagreb 1897. 176 S., mit Beilage [Rodoslovlje-Stammbaum]. Nr.63.

L. Klofutar, Svete listne bukve katoliške cerkve, ali razlaga in dejanska obravnava vseh listov, ki se berejo ob nedeljah in zapovedanih praznikih celega leta. Lastna založba. Ljubljana 1878. 310+9 S. Nr.64.

Š. Kociančič, G. Erhard (Hrsg.), Kristusovo življenje in smert v premišljevanjih in molitvah. Družba sv. Mohora. Celovec 1868-1877. Nr.66.

F. Kočevar, Kupčija in obrtnija. Denar in blago. Družba sv. Mohora. Celovec 1872. 215+1 S. Nr.65.

J. Koprivnik, Domači vrtnar. Družba sv. Mohorja. Celovec 1903. 140+4 S. Nr.67.

L. Kordeš (Hrsg.), Ljudska knjižnica. Maribor [1884-1885]. [10 Hefte vorh.: 1,2,3,4,7,8,9,14,16,23]. Nr.68.

S. Korenić, Čovjek od ženidbe do smrti. Nach Alban Stolc. Društvo sv. Jeronima. Zagreb 1895. 67 S. Nr.195.

F. Kos, Spomenica tisočletnice Metodove smrti. Matica Slovenska. Ljubljana 1885. 174+2 S. Nr.69.

F. Kos, Doneski k zgodovini Škofje Loke in njenega okraja. Matica Slovenska. Ljubljana 1894. 368+1 S. Nr.71.

F. Kos, Gradivo za zgodovino Slovencev v srednjem veku. Prva kniga, l. 501-800. Leonova družba. Ljubljana 1903. 415+1 S. Nr.70.

F. Kosec, Katoliško zakonsko pravo z ozirom na državne avstrijske postave. Založba Katol. Bukvarne. Ljubljana 1894. 248 S. Nr.72.

A. Kosi, Umni kletár. Družba svetega Mohorja. Celovec 1901. 126+2 S. Nr.74.

A. Kosi (Hrsg.), Zabavna knjižnica za slovensko mladino. Ljubljana 1894-1899 [Hefte 3 - 8]. Nr.73.

J. Kostanjevec, Življenja trnjeva pot. Resnična zgodba iz polupreteklega časa. Družba svetega Mohorja. Celovec 1907. 111 S. Nr.75.

F. Kovačič (Hrsg.), Voditelj v bogoslovnih vedah. Maribor 1908, 1909. 444+7, 220 S. [Jeder Jg. mit 4 Heften. Vorh. Jgg. 11 und 12, von Jg. 12 nur Heft 1 und 2]. Fester Einbd. Nr.219.

F. Kovačič (Hrsg.), Časopis za zgodovino in narodopisje. Leto 26. Zgodovinsko društvo v Mariboru. Maribor 1931. 296+79 S. [Teilw. Fehldruck: Slomšek-Korrespondenz, in: Arhiv za zgodovino in narodopisje.I., S.17-96] Nr.76.

A. Kralj, Obrtni red, v: Knjižnica slov.kršč.soc. zveze, 2.letnik, zv.1-8. Ljubljana 1903, 1904. Nr.77. N.

E. Kramer, Kmetijsko berilo za nadaljevalne tečaje ljudskih šol in gospodarjem v pouk. Trst 1887. 245+5 S. S 83 podobami (mit 83 Abb.). Nr.78.

S. S. Kranjčević, Izbrane pjesme. Zabavna knjižnica Matice Hrvatske. Zagreb 1898. Nr.130.

Kranjsko ribarsko društvo (Hrsg.), Nekoliko besedi o ribarstvu na Kranjskem, kaj ga ovira in kako bi se dalo pouzdigniti. Ljubljana o.J. [nach 1888]. 12 S. Nr.166.

Kres. Hrsg. v. J. Sket, Trstenjak u.a. Celovec 1881-1886. Nr.80. N.

I. Križanič, Zgodovina svete katoliške cerkve za slovensko ljudstvo. Družba svetega Mohorja. Celovec 1883, 1885, 1887. 208, 228+4, 230+2 S. Nr.81.

I. Križanič, Bela žena ali Prva reč med štirimi poslednjimi. Maribor 1890 [1889]. Nr.82.

J. Krsnik, Zgodovina avstrijsko-ogrske monarhije. Matica Slovenska. Ljubljana 1874. 99 S. Nr.83.

A. Kržič, Osmero blagrov na svetu ali dolga pridiga za kratkočasno življenje. Družba svetega Mohorja. Celovec 1887. 190+2 S. Nr.85a.

A. Kržič, Zbirka lepih zgledov. Ljubljana 1896. Nr.85. N.

O. Kučera, Naše nebo. Crtice iz astronomije. Matica Hrvatska. Zagreb 1895. 430 S., mit Beil. u. 142 Abb. Nr.86.

O. Kučera, Vrieme. Crtice iz meteorologije. Matica Hrvatska. Zagreb 1897. 348+3 S., mit 113 Abb. und 6 Karten. Nr.87.

F. Kuralt, Umni sadjerejec. Družba svetega Mohorja. Celovec 1878. 142+2 S. Nr.88.

I. Lah, Uporniki. Slovenskih Večernic 58. zvezek. Družba svetega Mohorja. Celovec 1906. 222 S. Nr.90.

F. Lakmayer, Umni čebelar. Celovec 1908. 122 (129-250)+6 S. [Vorh.: nur 2. Heft]. Nr.89.

F. Lampe, Uvod v modroslovje. Matica Slovenska. Ljubljana 1887. 190+2 S. Fester Einbd. Nr.94.

F. Lampe, Ali je Bog? Apologetični razgovori ali Pot do resnice. Ljubljana 1889. 224 S. [2 Hefte]. Fester Einbd. Nr.93.

F. Lampe, Dušeslovje. Matica Slovenska. Ljubljana 1889, 1890. 528 S. [2 Hefte]. Nr.92, 92a.

F. Lampe, Obrambni govori. Katoliška Bukvarna. Ljubljana 1890. 96 S. Fester Einbd. Nr.91.

F. Lampe, Dušeslovje. Matica Slovenska. Ljubljana 1890. 528 S. Fester Einbd. Nr.94a.

F. Lampe, Jeruzalemski romar. Družba svetega Mohorja. Celovec 1892, 1893. 366+2 S. [2 Hefte]. Nr.95.

I. Lavrenčič, Anton Aloizij Wolf, knezoškof Ljubljanski. V spomin stoletnice njegovega rojstva. Ljubljana 1882. 58 S. [Nachdruck aus "Novice"]. Nr.97.

J. Lavtižar, Pri severnih Slovanih. Potopisne črtice s slikami. Družba svetega Mohorja. Celovec 1906. 191+1 S. Nr.98.

M. Lendovšek (Hrsg.), Slomšekovi Životopisi. Ant. Mart. Slomšeka zbrani spisi [Slomšekovih zbranih spisov]. Družba svetega Mohorja. Celovec 1879. 397+2 S. Fester Einbd. Nr.99.

M. Lendovšek (Hrsg.), Slomšekovo Različno blago. Ant. Mart. Slomšeka zbrani spisi [Slomšekovih zbranih spisov]. Družba svetega Mohorja. Celovec 1885. 428+4 S. Fester Einbd. Nr.99.

M. Lendovšek (Hrsg.), Ant. Mart. Slomšeka Pastirski listi. Družba svetega Mohorja. Celovec 1890. 254+2 S. Fester Einbd. Nr.100.

M. Lendovšek (Hrsg.), Slomšekove Pridige osnovane. Ant. Mart. Slomšeka zbrani spisi [Slomšekovih zbranih spisov]: Šesta knjiga. Družba svetega Mohorja. Celovec 1899. 455 S. Nr.99.

A. Lenz, Soustava učení M. Jana Viklifa na základě pramenù. Prag 1898. 228+5 S. Nr.101.

A. Lesar, Prilike patra Bonaventure. Družba svetega Mohorja. Celovec 1866. 113+2 S. Nr.102.

J. Leskovar, Propali dvori. Zabavna knjižnica Matice Hrvatske. Zagreb 1896. Nr.130.

J. Leskovar, Sjene ljubavi. Zabavna knjižnica Matice Hrvatske. Zagreb 1898. Nr.130.

F. Levstik (Hrsg.), Vodníkove pésni. Matica Slovenska. Ljubljana 1869. 146+2 S. Fester Einbd. Nr.103.

A. M. Liguorski, Priprava na smrt ali premišljevanje večnih resnic. Übers.v. Andrej Karlin. Družba svetega Mohorja. Celovec 1900. 382+2 S. Nr.104.

Ljubljanski zvon. Ljubljana 1884-1898 [Vorh.: Jg.4(1884): 1,4,5,6,7,9; Jg.5(1885): 1,2,4,5,6,7,8,9,10,11; Jg.6(1886): 1,4,5,8,9,10,11,12; Jg.7(1887): 1-12; Jg.8(1888): 1-12, 11 fehlt; Jg.9(1889): 2-12; Jg.12(1892): 1-12; Jg.17(1897): 12 Hefte; Jg.18(1898): 2 Hefte]. Nr.105. N.

A. Lobmayer, Čovjek i njegovo zdravlje. Matica Hrvatska. Zagreb 1898. 190 S. Nr.106.

A. Mahnič (Hrsg.), Rimski katolik. Gorica 1890-1896. Nr.107. N.

M. Majar Ziljski, Sveta brata Ciril in Metod slovanska apostola. Družba svetega Mohorja. Celovec 1885. 79+1 S. Nr.233.

J. Majciger, M. Pleteršnik, B. Raić, Slovanstvo. Prvi del: Občni pregled. - Jugoslovani: Slovenci, Hrvati in Srbi, Bolgari. Matica Slovenska. Ljubljana (1873). 354+2 S., mit 2 Karten. Nr.108.

F. Malograjski, Z viharja v zavetje. Roman iz življenje preproste deklice. Zabavna knjižnica. Slovenska Matica. Ljubljana 1900. 305 S. Nr.122.

F. Malograjski, Za srečo! Povest. Družba svetega Mohorja. Celovec 1901. 192 S. Nr.133.

K. V. Mander, Knjiga o hudožnikah. [St. Petersburg 1938]. 378 S. Russisch. Fester Einbd. Nr.247.

V. Marinko (Hrsg.), Zora. Glasilo katoliško-narodnega dijaštva: Po desetih letih (Spominska knjiga "Danice"). Ljubljana 1905. 149+1 S. Nr.236.

L. Marjanović (Hrsg.), Junačke pesme (Muhamedovske). Hrvatske narodne pjesme. Matica Hrvatska. Zagreb 1899. 736 S. [Mit Glossar S. 666 - 736]. Nr.126.

J. Marn, Kopitarjeva spomenica. Matica Slovenska. Ljubljana 1880. 188 S., mit einer Beilage: Brief Kopitars (Faksimile) vom 10.10.1843. Nr.113.

J. Marn, Jezičnik. Svitoslav i Danica. Ljubljana 1889. 99 S. Nr.109.

Matica Hrvatska (Hrsg.), Rječnik hrvatsko-slovenski. Zagreb 1895. Nr.131. N.

Matica Hrvatska (Hrsg.), Izvještaj Matice Hrvatske za upravnu godinu 1895, 1896, 1897, 1899. Matica Hrvatska. Zagreb 1896, 1897, 1898, 1900. [4 Jgg.]. Nr.125.

Matica Hrvatska (Hrsg.), Spomen - Cviece iz hrvatskih i slovenskih dubrava. Narodnomu dorbrotvoru Biskupu Josipu Jurju Strossmayeru. Matica Hrvatska. Zagreb 1900. 512+1 S. Nr.128.

Matica Slovenska (Hrsg.), Spomenik o šeststoletnici začetka habsburške vlade na Slovenskem. Ljubljana 1883. 241 S. Großformat. Nr.95a.

Slovenska Matica (Hrsg.), Národni koledar in letopis Matice Slovenske za leto 1868. Ljubljana 1867. 44+128+68+8 S. [Enthält: Letopis Matice Slovenske v Ljubljani za leto 1867]. Nr.116.

Slovenska Matica (Hrsg.), Národni koledar, sporočilo in letopis Matice Slovenske za leto 1869. Matica Slovenska. Ljubljana 1868. 32+96+166+1 S. [Hrsg. des Letopis za leto 1869: Janez Bleiweis]. Nr.116.

Slovenska Matica (Hrsg.), Slovenski Štajer. Ljubljana 1868, 1870. Nr.120. N.

Slovenska Matica (Hrsg.), Letopis Matice Slovenske. Ljubljana 1877, 1878. 394, 265+2 S. [Vorh.: LMS za leto 1877; LMS za leto 1878, 3. in 4. del (Vredil dr. Janez Bleiweis)]. Nr.112.

Slovenska Matica (Hrsg.), Zabavna knjižnica. Ljubljana 1886-1908. Nr.122. N.

Slovenska Matica (Hrsg.), Ant. Knezova knjižnica. Zbirka zbavnih in poučnih spisov. Slovenska Matica. Ljubljana 1897. [Nur mehr 1 Heft vorh., ursprünglich vorh.: 1/1894 bis 15/1908, ausser 8/1901]. Nr.111.

Slovenska Matica (Hrsg.), Zborniki 1899-1906. Ljubljana 1899-1906. Nr.123. N.

A. Medved, Knezoškof lavantinski Anton Martin Slomšek. Družba svetega Mohorja. Celovec 1900. 191+1 S. Nr.132.

F. Miklosich, Lexicon Linguae Slovenicae veteris dialecti. Vindobonae 1850. 204 S. Fester Einbd. Nr.133a.

F. Ž. Miler, Tri vesele igre: Stričeva oporuka. Prva kiša. Začarani ormar. Zabavna knjižnica Matice Hrvatske. Zagreb 1897. Nr.130.

F. J. Milovršnik, Boj za pravico. Povest. Družba svetega Mohorja. Celovec 1897. 192 S. Nr.134.

F. Močnik, Navod k pervej in drugej računici za slovenske ljudske šole. Dunaj 1876. 112 S. Nr.245.

T. Mraz, Razlaga srednjega in največjega šolskega katekisma. Družba svetega Mohorja. Celovec 1883. 1036 S. [Beilage zu "Slov. Prijatelj"]. Nr.143.

E. Mulabdić, Zeleno busenje. Zabavna knjižnica Matice Hrvatske. Zagreb 1898. Nr.130.

E. Mulabdić, Na obali Bosne. Crtice. Zabavna knjižnica Matice Hrvatske. Zagreb 1900. Nr.130.

E. M. Müller, Duhovna lekarna za vse, ki hočejo večno živeti. Übers.v. Fr. Zbašnik. Katoliška Bukvarna. Ljubljana 1889. 110+2 S. Nr.144.

Naš misijon v Bosni (Prvo letno poročilo). Ljubljana 1911. 24+2 S. Nr.243.

V. Nazor, Veli Jože. Istarska priča. Hrvatska knjižnica. Hrsg.v. Fran Ilešič. Illustriert v. Saša Šantel. Ljubljana 1908. 96 S. Nr.145.

A. Nemčić, Izabrana djela. Uredio i uvod napisao Milivoj Šrepel. Sa slikom pjesnikovom. Matica Hrvatska. Zagreb 1898. 464 S. Nr.147.

Niz novih pripovesti ruskih. Slavenska knjižnica, knjiga 4. Übers.v. Martin Lovrenčević. Matica Hrvatska. Zagreb 1896. 315+1 S. Nr.181.

V. Novak, Podgorka. Zabavna knjižnica Matice Hrvatske. Zagreb 1894. Nr.130.

V. Novak, Dvie pripoviesti. Zabavna knjižnica Matice Hrvatske. Zagreb 1897. Nr.130.

V. Novak, Posljednji Stipančići. Zabavna knjižnica Matice Hrvatske. Zagreb 1899. Nr.130.

Novi vedesh sa sméh ino zhaskratenje 'Slovenzom. [Enth.:] "Erklärung einiger [53] vorkommenden Lokalismen, und anderer weniger bekannter Phrasen" (S. 97f.). Graz 1838. 98 S. Nr.148.

P. Ogrinec, Setev in žetev. Povest za slovensko ljudstvo. Slovenskih Večernic 33. zvezek. Družba svetega Mohorja. Celovec 1875. 80 S. [Am Deckblatt als 2. Titel angegeben: Jože Andrejčekov, Srečen! Obraz in življenja med vojaki]. Nr.149.

F. Orožen, Vojvodina Kranjska. Prirodoznanski, politični in kulturni opis (33 podob). Slovenska zemlja. Opis slovenskih pokrajin. Matica Slovenska. Ljubljana 1901. 265+3 S., mit 33 Fotografien. Nr.150.

E. Orzeszko, Izabrane pripoviesti. Svezak prvi. Slavenska knjižnica, knjiga 8. Übers.v. Isa Velikanović. Matica Hrvatska. Zagreb 1900. 295+1 S. Nr.181.

J. K. Pagani, Premišljevanja o presvetem Rešnjem telesu. Družba svetega Mohorja. Celovec 1899. 380+4 S. Nr.140a.

J. Pajek, Črtice iz duševnega žitka štajerskih Slovencev. Slovenska Matica. Ljubljana 1884. 293 S. Nr.118.

A. T. Pavičić, Simeon Veliki. Zabavna knjižnica Matice Hrvatske. Zagreb 1897. Nr.130.

A. T. Pavičić, Ljutovid Posavski. Zabavna knjižnica Matice Hrvatske. Po osnovi Fr. Markovića spjevao A. Tresić Pavičić. Zagreb 1894. Nr.130.

J. P. Pavlič, Gospod, teci mi pomagat! Molitvene bukve. Družba svetega Mohorja. Celovec 1891. 332+4 S. [Gebetbuch]. Nr.152.

P. Petrović-Njeguš, Gorski venec Petra II. Petrovića-Njeguša. Prevodi iz svetovne književnosti. Übers.v. Milan Rešetar, Einl.v. Rajko Perušek. Slovenska Matica. Ljubljana 1907. 299+3 S. Nr.119b.

R. Pinter, Njemačka književnost do smrti Goetheove. Slike iz svjetske književnosti. Matica Hrvatska. Zagreb 1897. Nr.153.

V. Podgorc, Domači Zdravnik po naukih in izkušnjah župnika Kneippa. Družba svetega Mohorja. Celovec 1892. 170+6 S. Nr.154.

V. Podlaz (Hrsg.), Zlate bukve slovenskega vedeža. Slovenskih Večernic 32. zvezek. Družba svetega Mohorja. Celovec 1874. 110+2 S. Nr.156.

A. Pokorny, Prirodopis rastlinstva s podobami. Übers.v. Ivan Tušek. Matica Slovenska v Ljubljani. Za spodnje razrede srednjih šol. Drugo predelano in pomnoženo izdanje s 350 podobami. Prag 1872. 244 S [2. Aufl.], mit 350 Abb. Nr.157.

A. Pokorny, Prirodopis živalstva s podobami. Fran Erjavec. Za spodnje razrede srednjih šol. Matica Slovenska v Ljubljani. Prag 1872. 309 S.[2. Aufl.], mit 490 Abb. Nr.158.

B. Poparić, O pomorskoj sili Hrvata. Za dobe narodnih vladara. Matica Hrvatska. Zagreb 1899. 140 S. Nr.159.

F. Povše, Umni kmetovalec ali splošni poduk, kako obdelovati in zboljšati polje, travnike, vertove in gozde. Družba svetega Mohorja. Celovec 1875, 1876, 1877. [3 Hefte]. Nr.160.

A. Praprotnik, Slovenski spisovnik, svetovalec v vseh pisarskih opravilih. Družba svetega Mohorja. Celovec 1879. 372+2 S. Nr.161.

A. Puškin, Puškinova izabrana djela u hrvatskoj knjizi. Matica Hrvatska. Zagreb 1899. 72+392 S. [Mit einer Einleitung von Milivoj Šrepel]. Nr.127.

I. Rabar, Poviest najnovjega vremena. Od godine 1815. do godine 1878. Svjetska poviest. Matica Hrvatska. Zagreb 1898. 527 S. [Nr.163. N]. Nr.129.

J. R. Razlag, Slovenski pravnik, to je kratki povzetki postav in obrazci ali izgledi raznih pisem. Natisnol Jožef A. Kienreich. Gradec 1862. 160+2 S. Nr.165.

J. R. Razlag, Pěsmarica. Natisnol Jožef A. Kienreich. Gradec 1863. 208 S. [S. 161-192 cyrillisch; S. 161: Crkveno-ćirilska, gradjansko-ćirilska in latinska azbuka]. Nr.164.

B. Reisp (Hrsg.) Darinka Zelinkova, Napoleonove Ilirske province 1809 - 1814. Narodni muzej v Ljubljani. Ljubljana 1964. 136 S., mit 48 Bildern und einer Karte [Katalog der Ausstellung im Nationalmuseum Ljubljana 1964]. Nr.146.

F. Rihar, Marija v zarji slave. Pregled zgodovine Marijinega češčenja. Družba svetega Mohorja. Celovec 1909. 287+1 S. Nr.167.

J. Rogač, Življenje svetnikov in svetnic Božjih. Družba svetega Mohora. Celovec 1869. 223 (225-448) S. [Vorh.: 1-9 (1866-1874), 3 (1868) fehlt]. Nr.142.

V. Rohrman, Poljedelstvo. Splošno poljedelstvo. Slovenskih gospodarjem v pouk. Družba svetega Mohorja. Celovec 1897, 1898. 292+10 S. (144 S., 148+10 S.). Nr.168.

V. Rohrman, Poljedelstvo (2. del:) Posebno poljedelstvo. Poljedelstvo. Slovenskim gospodarjem v pouk. Družba svetega Mohorja. Celovec 1902. 158+2 S. Nr.168.

V. Rohrman, F. Dular, Gospodarski nauki (1. knjiga:) Gospodarski nauki. Družba svetega Mohorja. Celovec 1905. 158+2 S. Nr.138.

Rukopisi M. Gorkogo. [Handschriftliches von M. Gorkij; Teil der Titelei fehlt]. Russisch. Moskau, Leningrad 1936. 259+4 S. Fester Einbd. Nr.249.

S. Rutar, Slovenska zemlja. Opis slovenskih pokrajin (1.del:) Poknežena grofija Goriška in Gradiščanska. Prirodznanski, statistični in kulturni opis (22 podob). Matica Slovenska. Ljubljana 1892. 116 S., mit 22 Abb. Nr.170.

S. Rutar, Slovenska zemlja. Opis slovenskih pokrajin (1.del:) Poknežena grofija Goriška in Gradiščanska. Zgodovinski opis. Matica Slovenska. Ljubljana 1893. 131+1 S., mit 12 Abb. Nr.170.

S. Rutar, Slovenska zemlja. Opis slovenskih pokrajin (2.del:) Samosvoje mesto Trst in mejna grofija Istra. Matica Slovenska. Ljubljana 1896. 128 S., mit 26 Abb. und 1 Karte. Nr.169.

S. Rutar, Slovenska zemlja. Opis slovenskih pokrajin (2.del:) Samosvoje mesto Trst in mejna grofija Istra. Matica Slovenska. Ljubljana 1897. 152+8 (129-280) S., mit 12 Bildern und 1 Karte. Nr.169b.

S. Rutar, Slovenska zemlja. Opis slovenskih pokrajin (3.del:) Beneška Slovenija. Prirodznanski in zgodovinski opis. Matica Slovenska. Ljubljana 1899. 188 S., mit 15 Abb. Nr.171.

F. Salezij, Filotea ali navod k pobožnemu življenju. Aus d. Franz. übers.v. Franc Rup. Družba svetega Mohorja. Celovec 1880. 252+4 S. Nr.173.

M. Samec, Vpliv vpijančljivih pijač na posamni človeški organizem in na človeško društvo v obče. Matica Slovenska. Ljubljana 1880. 42 S. Nr.174.

Schödler-jeva Knjiga prirode. 1. del [snopič]: Fizika, Astronomija in Kemija (s 361 podobami in 2 mapama). Übers.v. Ivan Tušek (Fizika), Vil. Ogrinec (Astronomija), Fran Erjavec (Kemija). Matica Slovenska. Ljubljana 1869, 1870. 534 S. Fester Einbd. Nr 175.

Schödler-jeva Knjiga prirode. 2. snopič: Astronomija in Kemija. Übers.v. Vil. Ogrinec (Astronomija), Fran Erjavec (Kemija). Matica Slovenska. Ljubljana 1870. 305 (229-534) S., mit 361 Abb. und 2 [?] Karten. Nr.175.

Schödler-jeva Knjiga prirode. 3. snopič: Mineralogija in Geognozija. Übers.v. Janez Zajec. Matica Slovenska. Ljubljana 1871. 169 S., mit 193 Abb. Nr.175.

Schödler-jeva Knjiga prirode. 4. del [snopič]: Botanika in Zoologija. Übers.v. Ivan Tušek (Botanika), Fran Erjavec (Zoologija). Matica Slovenska. Ljubljana 1875. 440 S., mit 240 bzw. 227 Abb. Fester Einbd. Nr.175.

Schödler-Tušek-Erjavec, Mineralogija in Geognozija (3. zvezek). Ljubljana 1871. Nr.175.

Schödler-Tušek-Erjavec, Botanika in Zoologija (4. zvezek). Ljubljana 1875. Nr.175.

H. Schreiner, Fizika ali nauk o prirodi, 1. knjiga. Družba svetega Mohorja. Celovec 1889. 188+3 S. Nr.176.

H. Schreiner, Fizika ali nauk o prirodi, 2. knjiga. Družba svetega Mohorja. Celovec 1891. 190+2 S. Nr.176.

V. Schweitzer, Navod za snovanje sruštev ter prirejanje shodov. Knjižnica slovenske krščanske socialne zveze. 1902. Nr.177. N.

F. Seidl, Slovenska zemlja. Opis slovenskih pokrajin (5.del:) Kamniške ali Savinjske Alpe, njih zgradba in njih lice. Poljuden geološki in krajinski opis. Matica Slovenska. Ljubljana 1907, 1908. 255 S., mit Karten, Fotografien und Beilagen. Nr.170.

J. M. Seigerschmied, Pamet in vera. Slovenskemu narodu v potrditev njegove vere. Družba svetega Mohorja. Celovec 1901, 1903. 159+1, 190+2 S. [2 Hefte]. Nr.179.

J. Sernec, Nauk o gospodinjstvu. Družba svetega Mohorja. Ljubljana 1871. 45 S. [in einem Band mit: Janez Sumper, Slovenski Bučelarček]. Nr.180.

W. Shakespeare, Kralj Lear. Prevodi iz svetovne književnosti. Übers.v. Anton Funtek. Matica Slovenska. Ljubljana 1904. 160 S. Nr.119.

W. Shakespeare, Beneški trgovec. Prevodi iz svetovne književnosti. Übers.v. Oton Zupančič. Slovenska Matica. Ljubljana 1905. 120 S. Nr.119a.

Sienkiewicz, Pripoviesti. Slavenska knjižnica, knjiga 6. Übers.v. Ivan Gostiša. Zagreb 1898. Nr.181.

J. Simonič, Kakó postanemo stari? Založil pisatelj v Bistrici-Lembah (Štajersko). Ljubljana 1893. 222 S. Nr.184.

F. Simonič, Slovenska bibliografija (1. del:) Knjige (1550-1900). Slovenska bibliografija [3 Hefte]. Slovenska Matica. Ljubljana 1903 - 1905. 627 S. Nr.183.

J. Sket, Slovenska čitanka za peti in šesti razred srednjih šol. Družba svetega Mohorja. Celovec 1892. 404 S. Fester Einbd. Nr.186.

J. Sket, Slovenisches Sprach- und Übungsbuch. Nebst Chrestomathie und slovenisch-deutschem und deutsch-slovenischem Wörterverzeichnis. Für den ersten Unterricht. St. Hermagoras - Buchdruckerei. Klagenfurt 1903. 300+4 S. Nr.185.

M. Slekovec, Duhovni sinovi slavne nadžupnije Konjske. Življenjepisne črtice. 16 S. Nr.189.

V. Slemenik, Križem sveta. Zgodovinska povest. Družba svetega Mohorja. Celovec 1877. 95+1 S. Nr.190.

A. M. Slomšek, Krščansko devištvo. Družba svetega Mohorja. Celovec 1894. 393+7 S. Nr.188.

Slovanski Svet. Hrsg. v. F. Podgornik. Trst 1891. 16 S. [Nur eine Nr. vorh.]. Nr.244.

Slovenske Večernice za pouk in kratek čas. Družba svetega Mohorja. [Mit Beiträgen von: M. Slekovec, Fr. Kavčič, I. Štrukelj, P. Gregorc, Žaljski, J. Fr. Rádinski, I. St.]. Celovec 1894. 143+1 S. Nr.246.

Slovenski učitelj. Veri, vzgoji, pouku. 6. in 7. letnik. Ljubljana 1905, 1906 [Vorh.: Jg.6(1905): 3,5,6,7,8,9,10,11; Jg.7(1906): 1-5]. Nr.191.

Socijalizem. [Heft 1-16], Hrsg. v. J. E. Krek. Slovenska kršč.-socijalna zveza. Ljubljana 1901. 512 S. Nr.79.

J. Staré, Občna zgodovina za slovensko ljudstvo, 1-15. Celovec 1874-1891. Nr.197. N.

A. Stolc, Križana usmiljenost ali življenje svete Elizabete. Übers.v. P. Hrisogon Majar. Družba svetega Mohorja. Celovec 1882. 198+2 S. Nr.196.

J. N. Stöger, Nebeška krona ali premišljevanje o nebesih. Übers.v. Janez Šmuc. Družba svetega Mohorja. Celovec 1876. 175+1 S. Nr.192.

J. Stritar, Pod lipo. Knjiga za mladino. Družba svetega Mohorja. Celovec 1895. 190+2 S. Nr.198.

J. Stritar, Jagode. Knjiga za odrastlo mladino. Družba svetega Mohorja. Celovec 1899. 159+1 S. Nr.201.

J. Stritar, Zimski večeri. Knjiga za odrastlo mladino. Družba svetega Mohorja. Celovec 1902. 206+2 S. Nr.200.

J. Stritar, Lešniki. Knjiga za odrastlo mladino. Družba svetega Mohorja. Celovec 1906. 223+1 S. Nr.199.

J. Subbotić (Hrsg.), Srbska čitanka za gimnazie. 2. knjiga za 3. in 4. nižu klassu. [Cyrillisch]. Wien 1855. 512 S. Fester Einbd. Nr.202.

J. Sumper, Slovenski Bučelarček. Družba svetega Mohorja. Ljubljana 1871. 92 (49-141+3) S. [in einem Band mit Janko Sernec, Nauk o gospodinjstvu]. Nr.180.

I. Svetina, Jezus Kristus pravi Bog. Založil pisatelj. Ljubljana 1899. 93+2 S. Nr.207.

Sveto pismo. Pet knjiga Mojsijevih. Übers.v. Djuro Daničić. [Cyrillisch]. Pest 1866. Fester Einbd. Nr.203.

P. J. Šafařík, Geschichte der südslawischen Literatur. I. Slowenisches und glagolitisches Schriftthum. II. Illirisches und kroatisches Schriftthum. [Serientitel:] Paul Jos. Šafaříks Geschichte der südslawischen Literatur. Aus dessen handschriftlichem Nachlasse herausgegeben von Josef Jireček. Prag 1864, 1865. 192 S., 382 S. Nr.172.

P. J. Šafařík, Geschichte der südslawischen Literatur. III. Serbisches Schriftthum, 1. Abtheilung. [Serientitel:] Paul Jos. Šafaříks Geschichte der südslawischen Literatur. Aus dessen handschriftlichem Nachlasse herausgegeben von Josef Jireček. 1865. 480 S. Nr.172.

A. Šenoa, Sabrane pripoviesti. [Heft 8] Matica Hrvatska Zagreb 1897. 378+1 S. Nr.204.

L. Škufca, Šmarnice ali Romanje v nebeško kraljestvo v Marijinem mesecu. Družba svetega Mohorja. Celovec 1886. 283+5 S. Nr.187.

M. Šrepel, Preporod u Italiji v 15. i 16. stoljeću. Matica Hrvatska Zagreb 1899. 283+3 S. Nr.193.

K. Štrekelj (Hrsg.), Slovenske narodne pesmi. Slovenska Matica. Ljubljana 1895-1908. [Vorh. Hefte 1-12 (1895-1908), ohne Heft 11]. Nr.117.

I. Šubic, Elektrika, nje proizvajanje in uporaba. Matica Slovenska. Ljubljana 1897, 1898. 359 S. Nr.205.

J. Šuman, Slovenska slovnica po Miklošičevi primerjalni. Matica Slovenska. Ljubljana 1882. 380+1 S. Fester Einbd. Nr.206.

I. Tavčar, Slovenski Pravnik. Družba svetega Mohorja. Celovec 1883, 1885, 1886, 1888. (626+6) S. [Heft 2 fehlt]. Nr.208.

L. N. Tolstoj, Moč teme. Prevodi iz svetovne književnosti. [Übers.v. Župančič, Funtek, Perušek]. Slovenska Matica. Ljubljana 1907. 118+2 S. Nr.119c.

L. Toman, Dr. Lovro Toman. Matica Slovenska. (Uvod: Tomanovo življenje. Popisal Andrej Praprotnik). Ljubljana 1876. 180+3 S. Nr.121.

J. E. Tomić, Za kralja za dom. Zabavna knjižnica Matice Hrvatske. Zagreb 1894. Nr.130.

J. E. Tomić, Zmaj od Bosne. Zabavna knjižnica Matice Hrvatske. Zagreb 1898. Nr.130.

J. E. Tomić, Melita. Zabavna knjižnica Matice Hrvatske. Zagreb 1899. Nr.130.

I. Tomšić, Poljedelstvo s posebnim ozirom na domače pridelke. Družba svetega Mohora v Celovcu. Ljubljana 1870. 107+3 S. Nr.209.

M. Torkar, Življenje svetnikov in svetnic Božjih. Celovec (zvezek 7,8,9). O.J. Nr.210a.

M. Torkar, Življenje svetnikov in svetnic Božjih. Družba svetega Mohorja. Celovec 1871, 1874. (3. in 4.(?) del). 476, 629+7 S. Fester Einbd. Nr.210.

D. Trstenjak, Životinje. Diel 8: Ptice. Društvo sv. Jeronima. Zagreb 1895. 124+1 S. Nr.211.

J. Trunk, Bodi svoje sreče kovač! Družba svetega Mohorja. Celovec 1904. 143+1 S. Nr.212.

J. S. Turgenjev, Lovčevi zapiski. Übers.v. Fr. Jos. Remec. Matica Slovenska. Ljubljana 1884. 262 S. Nr.213.

I. S. Turgenjev, Izabrane pripoviesti, svezak treći. Slavenska knjižnica, knjiga 5. Zagreb 1897. Nr.181.

I. Tušek (Hrsg.), Štirje letni časi. Iz nemškega po E. A. Rossmässler-ji. Matica Slovenska. Ljubljana 1867. 254+1 S., mit 40 Abb. Nr.214.

V. Urbas, Dr. Etbin Henrik Costa. Matica Slovenska. Ljubljana 1877. 126 S. Nr.110.

I. V., Grmanstvo in njega vplív na Slovanstvo v srednjem veku. Matica Slovenska. Ljubljana 1879. 55 S. Nr.114.

M. K. Valjavec, Poezije. Uredil Fr. Levec. Slovenska Matica. Ljubljana 1900. 302+2 S. Nr.215.

F. Valla, Poviest srednjega veka. Treći dio: od druge polovine jedanaestoga vieka do god. 1453. Svjetska poviest. Matica Hrvatska. Zagreb 1896. [nur 464 S. vorh., Rest fehlt]. Nr.129.

F. Valla, Poviest novoga vieka. Od godine 1453. do godine 1789. Svjetska poviest. Matica Hrvatska. Zagreb 1899. 333 S. Nr.129.

F. Valla, Poviest novoga vieka. Od godine 1453. do godine 1789. Svjetska poviest. Matica Hrvatska. Zagreb 1900. 503 S. Nr.129.

J. Verne, Potovanje okolo svetá v 80 dnéh. Übers.v. Davorin Hostnik. Matica Slovenska. Ljubljana 1878. 145+2 S. Nr.48.

I. Vesel, Olikani Slovenec. Matica Slovenska. Ljubljana 1868. 132+4 S. Nr.216.

J. Vesel-Koseski, Raznim delom pesniškim in igrokaznim Jovana Vesela-Koseskiga dodatek. Matica Slovenska. Ljubljana 1879. 65+1 S. Nr.115.

J. P. Vijanski (Hrsg.), Nanos. Slovenski zabávnik za 1862. Ljubljana 1862. 294+2 S. Nr.217.

J. Vilikowský, Latinská Poesie Žákovská v Čechách. Sborník Filosofické fakulty university Komenského v Bratislavě. F. f. u. Komenského. Bratislava 1932. 167 S. Nr.218.

I. Vojnović, Ekvinocij. Zabavna knjižnica Matice Hrvatske. Zagreb 1895. Nr.130.

J. Volčič, Šmarnice naše ljube Gospé presvetega Serca. Družba svetega Mohorja. Celovec 1879. 333+2 S. [Maipredigten]. Nr.220.

J. Volčič (Hrsg.), Domači zdravnik. Kratek navod, si zdravje uterditi in življenje podaljšati. Slovenskih večernic 31. zvezek. Družba svetega Mohorja. Celovec 1874. 111+1 S. Nr.222.

J. Volčič (Hrsg.), Življenje preblažene Device in Matere Marije in njenega prečistega ženina svetega Jožefa. Družba svetega Mohorja. Celovec 1882-1891. Nr.221.

L. Vončina, Friderik Baraga, prvi kranjski apostoljski misijonar in škof med Indijani v Ameriki. Družba svetega Mohorja. Celovec 1869. 198+2 S. Nr.224.

M. Vovčok, Pučke pripoviesti. Slavenska knjižnica, knjiga 7. Übers.v. August Harambašić [= Marija Evgenija Marković]. Zagreb 1899. [Nr.227 N] Nr.181.

J. Vošnjak, Umno kletarstvo. Družba svetega Mohorja. Celovec 1873. 168 S., mit 12 Abb. Nr.225.

J. Vošnjak, Spomini. 1: 1840-1867. Slovenska Matica. Ljubljana 1905. 251 S. Nr.226.

J. Vošnjak, Spomini. 2: 1868-1873. Slovenska Matica. Ljubljana 1906. 275+4 S. Nr.226.

I. Vrhovec, Ljubljanski meščanje v minulih stoletjih. Matica Slovenska. Ljubljana 1886. 283 S. Nr.229.

I. Vrhovec, Zgodovina Novega Mesta. Matica Slovenska. Ljubljana 1891. 308+8 S. Fester Einbd. Nr.230.

I. Vrhovec, Avstralija in nje otoki. Družba svetega Mohorja. Celovec 1899. 222+2 S. Nr.228.

I. Vrhovnik, Listi nabožno slovstveni. Knjižnica Družbe sv. Cirila in Metoda. Ljubljana 1902. Nr.17a.

J. Walter, Sveti Rožni Venec. Poučna in nabožna knjiga za krščansko ljudstvo. Družba svetega Mohorja. Celovec 1897. 316+4 S. Nr.240.

F. Wiesthaler (Hrsg.), Valentina Vodnika izbrani spisi. Matica Slovenska. Ljubljana 1890. 319 S. Fester Einbd. Nr.231.

J. N. Woldrich, Somatologija ali nauk o človeškem telesu. [Nach der vierten Aufl.] übers.v. Fran Erjavec. Matica Slovenska. Ljubljana 1881. 108 S. Nr.232.

Zgodbe svetega pisma. Hrsg. v. F. Lampe (Janez Ev. Krek). Družba svetega Mohorja. Celovec 1894-1907. Nr.96.

Zora. Glasilo slovenskega katoliškega dijaštva. Hrsg.v. Ivo Pregelj. Ljubljana 1895-1906 [Vorh.: 1.Jg.:3,4; 2.Jg.:1,2,3,4; 3.Jg.:1-10; 4.Jg.:1,2,3,4,5; 5.Jg.:1,2,3,4; 7.Jg.:2,3,4,5; 8.Jg.:1,2,3,4,5, 9.Jg.:1,2,3,4,5; 11.Jg.:1-10; 12.Jg.:1-12, außer 8]. Nr.235.

A. Zupančič, Duhovno pastirstvo. Založil pisatelj. Ljubljana 1885. 903 S. Nr.238.

A. Zupančič, Pedagogika. Po najboljših virih. Katoliška Bukvarna. Ljubljana 1888. 152 S. Nr.237.

Žaljski, Na krivih potih. Povest. Slovenskih Večernic 47. zvezek. Družba svetega Mohorja. Celovec 1893. 144 S. Nr.239.

A. Žlogar (Hrsg.), Zbornik cerkvenih govorov na slavo ss. Cirilu in Metodu. Založil izdatelj. Ljubljana 1886. 236+3 S. Nr.234.

Kapitel 2

Daten und Informationen zu acht steirischen Kloster- bzw. kirchlichen Bibliotheken und -archiven[8]

1. Benediktinerstift Admont

Stiftsarchiv, Stiftsbibliothek, 8911 Admont
Tel: (03613) 2312-602, Fax: 2312-320/610
Internet: http://www.stiftadmont.at/
Virtuelle Besichtigung der Bibliothek: http://thing.at/admont/info/title.html
Leitung / Ansprechperson: Dr. Johann Tomaschek

Gegründet 1074
Sammelgebiete: Naturwissenschaft 16.-19.Jh., Bibelwiss. 19.Jh., Klöster-, Ordens- und Diözesanschematismen, Benediktinerorden, Styriaca, Buch- und Bibliothekswesen, Admontensien (darunter ca. 500 Slovenica bzw. Slavica der Patres aus der Untersteiermark aus dem 19. Jh., siehe *Kapitel I*)

Bestand. ca. 155.000 Bände, 65 lfd. Zeitschriften, 1.400 Handschriften, 530 Inkunabeln, 2.000 amtliche Schriften, 200 Landkarten, 800 Mikroformen, 854 Filme, 2.000 Porträts aus dem 16.-19.Jh.

Benützung der Archiv- und Bibliotheksbestände:
nach Vereinbarung mit dem Archivar und Bibliothekar
Dr. Johann Tomaschek
Tel. +43 (0)3613-2312-602

(Textauszug aus dem Internet:)
Seit der Gründung im Jahre 1074, also seit fast einem Jahrtausend, werden im Benediktinerstift Admont Kulturgüter gesammelt und bewahrt. Eine besondere Stellung nimmt diesbezüglich die Stiftsbibliothek ein.
Diese Bibliothek zählt zu den bedeutendsten Kulturdenkmälern unseres Landes und ist eines der großen Gesamtkunstwerke des europäischen Spätbarocks. ‚Das Achte Weltwunder', so wurde die Admonter Bibliothek, vielleicht etwas enthusiastisch, aber durchaus berechtigt, schon seit dem frühen 19. Jahrhundert bezeichnet. Sie stellt einen über Jahrhunderte hinweg reichenden Wissensspeicher dar, in dem sich kunst- und kulturhistorische Beispiele aus der Entwicklungsgeschichte des Buches finden - von den Handschriften aus der mittelalterlichen Admonter Schreibschule, über die gesammelten Inkunabeln (Frühdrucke) bis hin zum entfalteten Buchdruck.
Die Bibliothek ist als Gesamtkunstwerk zu sehen, in der die verschiedenen Kunstgattungen (Architektur, Fresken, Skulpturen, Schriften & Druckwerke) zu einer Einheit verschmolzen sind - letztlich auch die zentrale Stellung des Buches in der Entwicklungsgeschichte der Benediktiner verdeutlichend.
Architektur:
Der 1776 vollendete, spätbarocke Bibliothekssaal wurde von Abt Matthäus Offner (Regierungszeit 1751-1779) in Auftrag gegeben und vom Grazer Baumeister Josef Hueber (1715-1787) erbaut. Mit einer Länge von 70m, einer Breite von 14m und einer Höhe von 11m (in der Mittelkuppel 12,7m) ist dieser in drei Teile gegliederte Raum der größte klösterliche Bibliothekssaal der Welt. Als architektonisches Vorbild diente Hueber die Österreichische Nationalbibliothek in Wien.
Fresken:
Der Maler Bartolomeo Altomonte (1694-1783) schmückte den Saal mit sieben Deckengemälden, die durch ihre künstlerische Qualität beeindrucken.
Skulpturen:

---

[8] Die Quellen der angeführten Daten sind: 1. Telefonische Anfragen im April 2002; 2. Recherche im Internet; 3. Handbuch der Bibliotheken in Deutschland, Österreich und der Schweiz, 7. Ausgabe, München 2001 (Vlg. K.G. Saur).

Der Stiftsbildhauer Josef Stammel (1695-1765), der als einer der bedeutendsten barocken Bildhauer gilt, schnitzte den umfangreichen Skulpturenschmuck des Prunksaales. Besondere Berühmtheit erlangten die ‚Vier letzten Dinge', eine Gruppe von vier überlebensgroßen Darstellungen von Tod, Jüngstem Gericht, Himmel und Hölle.

Bücherbestand:
Die Admonter Bibliothek ist ein historisches Monument der Buchkultur, deren Bedeutung den regionalen Raum weit übersteigt. Andererseits bietet sie aber ebenso wertvolles und umfassendes Quellenmaterial zur Geschichte des Umlandes.
Der gesamte Bücherbestand umfasst an die 200.000 Bände. Den kostbarsten Schatz bilden dabei die mehr als 1400 Handschriften (ab dem 8. Jahrhundert) sowie die 530 Inkunabeln (Frühdrucke bis zum Jahr 1500).

2. Benediktinerabtei St. Lambrecht

Stiftsarchiv, Stiftsbibliothek, 8813 St. Lambrecht
Tel: (03585) 2305-0, Fax: 2305-20
Internet: http://www.stift-stlambrecht.f2s.com/
Leitung / Ansprechperson: Pater Michael Staberl (Archiv), Pater Benedikt Plank (Bibliothek)

Gegründet 11. Jh.
Sammlung: Die meisten Handschriften und Drucke wurden im Zuge der Josephinischen Klosterauflösungen eingezogen und an die staatliche Universitätsbibliothek in Graz abgegeben (rund 40 Bibliotheken Steiermarks und Kärntens gelangten so nach Graz). Später wurden die St. Lambrechter Buchbestände teilweise wieder zurückgestellt.

Bestand: ca. 35.200 Bände, 40 lfd. Zeitschriften, 492 Handschriften, 134 Inkunabeln

Zugang zu Archiv und Bibliothek: nach tel. Vereinbarung.

3. Zisterzienserstift Rein[9]

Stiftsarchiv, Stiftsbibliothek, 8103 Rein
Tel: (03124) 52621-32
Internet: http://www.stift-rein.at/biblioth.htm
Leitung / Ansprechperson: Dr. Walter Steinmetz

Gegründet 1129
Sammlung: Geschichte und Theologie der Zisterzienser, ehemalige Grazer Hofbibliothek (Bibliotheca Ferdinandea), theologische und historische Disziplinen, sakrale Kunst und sakrales Kunstgewerbe

Bestand: ca. 90.000 Bände, 7 lfd. Zeitschriften, 385 Handschriften, 150 Inkunabeln

Öffnungszeiten: nach telefonischer Vereinbarung.

4. Benediktinerabtei Seckau

Archiv, Bibliothek, 8732 Seckau
Tel: (03514) 5234-302, Fax: 5234-105
Internet (Abtei): http://www.abtei-seckau.at/willk.html

---

[9] Siehe auch Anhang 2: Walter Steinmetz, Armarium Runense.

Leitung / Ansprechperson: Pater Seraphim (Bibliothek), Pater Othmar Stary (Archiv, Zeitschriften)

Ursprünglich Augustiner Chorherrenstift (gegr. 1143), das 1782 aufgelöst wurde. Buchbestände wurden verstaatlicht und nach Graz (Universitätsbibliothek) gebracht. Als Benediktinerabtei 1883 gegründet
Sammlung auf Grund fehlender Mittel nicht systematisch inventarisiert

Bestand: ca. 200.000 Signaturen, 40 lfd. Zeitschriften, 35 Inkunabeln

Bibliothek: derzeit nicht öffentlich zugänglich
Archiv: nur in Einzelfällen gegen vorherige Anmeldung.

5. Augustiner Chorherrenstift Vorau

Stiftsarchiv, Stiftsbibliothek, 8250 Vorau
Tel: (03337) 23 5 10
Internet: http://www.stift-vorau.at/stift/bibliothek.asp
Leitung / Ansprechperson: Dr. Ferdinand Hutz

Gegründet 1163
Sammelgebiete: Theologie, Geschichte, Naturwissenschaft 16.-19. Jh., Voraviensa

Bestand: ca. 40.000 Bände, 415 Handschriften, 206 Inkunabeln

Zugang zu Archiv und Bibliothek: nach Vereinbarung.

(Textauszug aus dem Internet:)
"Claustrum sine armario quasi castrum sine armentario"
Ein Kloster ohne Bücherei ist wie eine Festung ohne Rüstkammer. Bücher sind für eine klösterliche Gemeinschaft von höchster Bedeutung, deshalb versucht jedes Kloster den durch Jahrhunderte angesammelten Bücherschatz entsprechend aufzubewahren. Der Bibliotheksaal des Stiftes Vorau zählt zu den schönsten in Österreich.
Die Bibliothek besitzt 415 Handschriften, die bis ins 9. Jahrhundert zurückreichen, 206 Inkunabeln und etwa 40 000 Bände (Drucke ab 1500). Aus der großen Zahl der künstlerisch ausgestatten und illuminierten Kodizes (83 Stück) seien nur einige erwähnt.
An erster Stelle ist hier das Vorauer Evangeliar, aus dem letzten Viertel des 12. Jahrhunderts mit seinen prächtigen, ganzseitigen Evangelistendarstellungen, oder das vierbändige Riesenantiphonar (jeder Band wiegt 22 kg) mit 113 großen, gemalten und zahllosen Schwarzweißinitialen, eine böhmische Arbeit aus der Zeit um 1360. Die im Jahre 1467 geschriebene Volksbibel ist mit ihren über 550 Miniaturen die mit Abstand am reichhaltigsten illustrierte Handschrift. Nicht zu vergessen, die weltberühmte Kaiserchronik - eine poetische Kaisergeschichte von Julius Caesar bis zum zweiten Kreuzzug.
So präsentiert sich die Vorauer Stiftsbibliothek, deren Inhalt sich beinahe über ein ganzes Jahrtausend Buchgeschichte spannt, als eine Fundgrube kulturgeschichtlichen Anschauungsmaterials, das jedem Forscher und wissenschaftlich Tätigen zugänglich ist.

6. Wiener Franziskanerprovinz in Graz

Zentralbibliothek im Franziskanerkloster, Franziskanerplatz 14, 8010 Graz
Tel: (0316) 82 91 89
http://www.oeaw.ac.at/ksbm/grazofm/allg.htm[10]

---

[10] Darin enth.: Maria Mairold, Didacus Sudy OFM, Verzeichnis der mittelalterlichen Handschriften der Zentralbibliothek der Wiener Franziskanerprovinz in Graz. Die Handschriften werden derzeit nach zeitlicher Maßgabe zunächst auf der Basis der vorhandenen Mikrofilme von der Kommission für Schrift- und Buchwesen des Mittelalters der Ös-

Leitung / Ansprechperson: Frater Didacus Sudy OFM

Gegründet 1478
Sammlung: Die Bibliothek versammelt seit den sechziger Jahren des 20. Jahrhunderts alle bis zu diesem Zeitpunkt in den einzelnen Häusern der Wiener Ordensprovinz aufbewahrten Handschriften und Drucke bis 1700 (die Drucke ab 1701 befinden sich in Maria Enzersdorf). In Graz sind u.a. alle mittelalterlichen und neuzeitlichen Handschriften, die Inkunabeln und Drucke aus der Zeit bis 1700, die sich früher in den Konventsbibliotheken der Wiener Ordensprovinz befanden, vereinigt.

Bestand: 12.800 Bände, ca. 60 Handschriften, davon 43 aus der Zeit bis 1600; 846 Inkunabeln in 751 Bänden; Fragmente

Öffnungszeiten: Schriftliche oder telefonische Anmeldung erwünscht. Einsichtnahme in Handschriften, Inkunabeln und Fragmente nur für wissenschaftliche Zwecke.

7. Diözese Graz-Seckau

Archiv mit Bibliothek: a) Diözesanbibliothek, b) Bibliothek des Bischöflichen Seminars (historische Sammlung), c) Lazaristenbibliothek, Bischofplatz 4 (Bibliotheksstandort: Bürgergasse 2/IV), 8010 Graz
Tel: (0316) 8041 213, Fax: 8041 303
Leitung / Ansprechpersonen: Dr. Alois Ruhri, Dr. Norbert Müller

Gegründet ca. 1590
Sammlung: Diözesan-, Regional- und Pfarrgeschichte, Styriaca, ab 15. Jh. Ca. die Hälfte des Bestands mit EDV erfasst.

Bestand: ca. 40.000 Bände (a: ca. 25.000, b: ca. 13.000, c: ca. 1.700 Bände, Handbibliothek ca. 1000 Bände), 10 lfd. Zeitschriften, 50 Dissertationen

Öffnungszeiten (Archiv und Bibliothek): Di-Fr 8-12 Uhr, Do 13-19 Uhr.

8. Bischöfliches Priesterseminar der Diözese Graz-Seckau

Theologenbücherei und Bibliothek, Bürgergasse 2, 8010 Graz
Tel: (0316) 8042-7130, Fax: 8042-7086
E-Mail: ps-bibliothek@styria.com
Internet: http://bibliothek.hypermart.net/
Leitung / Ansprechperson: Msgr Franz Josef Rauch

Gegründet 18. Jh.
Sammlung: Corpus Christianorum, historische (Zettelkatalog) und aktuelle theologische Fachbibliothek (Online-Katalog)
Bestand: ca. 55.000 Bände, 50 lfd. Zeitschriften

---

terreichischen Akademie der Wissenschaften für ein Inventar bearbeitet. Nach einer Korrektur der Beschreibungen anhand der Originale ist beabsichtigt, die Katalogisate nach und nach auf dieser Internetseite zur Verfügung zu stellen: http://www.oeaw.ac.at/ksbm/grazofm/verz_ma.htm (Stand vom 22. November 2000. E-Mail an: franz.lackner@oeaw.ac.at). Mikrofilmbestellungen unter http://www.hmml.org/resources/microfilm/austria/austriafr.html

Öffnungszeiten der Bibliothek: Di - Fr 14:30 - 18:00 Uhr, während der vorlesungsfreien Zeit geschlossen.

(Textauszug aus dem Internet:)
Die Bibliothek besteht aus der in mechanischer Folge katalogisierten Priesterseminarbibliothek, einer theologischen Fachbibliothek mit vorwiegend archivarischem Charakter, und der seit 1962 systematisch angelegten Theologenbücherei, die neuere theologische Literatur und Literatur der angrenzenden geisteswissenschaftlichen Disziplinen umfasst.
Neuanschaffungen konzentrieren sich auf die Theologenbücherei, während die alte Bibliothek hauptsächlich aus testamentarischen Nachlässen Erweiterungen erfährt.
Geschichte: Das ursprünglich als Kollegium der Jesuiten erbaute Priesterseminar besaß im zweiten Obergeschoss des Südflügels seit 1692/94 einen barocken Bibliothekssaal mit einer einst bedeutenden Jesuitenbibliothek. Mit der Aufhebung des Jesuitenordens im Jahr 1773 wurden die Bücherbestände in die ehemalige Aula der Alten Universität transferiert, die durch Maria Theresia von 1778 bis 1781 zum Bibliothekssaal umgebaut wurde. Bücher aus dieser Epoche sind somit für die heutige Priesterseminarbibliothek praktisch vollständig verloren gegangen. Erst mit der Übertragung des Priesterhauses der Diözese Seckau im Jahre 1808 in die Bürgergasse 2, um dort die künftigen Priester auszubilden, wurde wieder ein Bücherbestand aufgebaut, worauf besonders Signaturen und chronologische Aufgliederung des Altbestandes hinweisen. Zu einer nochmaligen Schädigung der Bibliothek kam es infolge der Kriegswirren nach 1945, als mit der vollständigen Trennung zwischen universitärer Ausbildung und der geistlichen Ausbildung im Priesterseminar große Teile des Buchbestandes in die Universitätsbibliothek integriert wurden. In den Sechzigerjahren wurde schließlich mit dem Aufbau einer modernen theologischen Fachbibliothek begonnen.
Verwendete Literatur: Grießl Anton, Geschichte des Seckauer Diözesanpriesterhauses, Graz 1906.

Anhang 1

Hans Zotter:

Die Digitalisierung des Steirischen Dokumentenerbes[11]

Nach gängiger Ansicht der Astronomen ist der größte Teil der im All vorhandenen Materie unsichtbar, "dark matter", deren Existenz nur über ihre unübersehbaren Wirkungen überhaupt postulierbar ist. Im kulturellen Leben Österreichs gibt es auch ziemlich viel dark matter, z. B. die Bestände der großen wissenschaftlichen Bibliotheken und Archive, die von der Öffentlichkeit kaum wahrgenommen werden, im kulturellen Leben des Landes dennoch ungeheure Wirksamkeit entfalten.

Die Universitätsbibliothek Graz - mit einem Bestand von rund 3 Millionen Dokumenten - ist die bedeutendste Büchersammlung des Landes Steiermark. Dieser Rang wird zusätzlich dadurch unterstrichen, dass wir auch den Großteil des historischen Dokumentengutes des Landes verwalten.

Die ersten Bibliotheken entstanden in der Steiermark im Laufe des 11. und 12. Jahrhunderts in den damals gegründeten Klöstern Admont, Seckau, Rein, St. Lambrecht, Vorau, Stainz, Neuberg und anderen mehr. Diese mittelalterlichen Bibliotheken hatten nur einen geringen Umfang - sie umfassten in der romanischen Zeit jeweils vielleicht 100-200 Bände - und wuchsen nur sehr langsam, stärker natürlich nach der Erfindung des Buchdrucks. Im 15. Jahrhundert wurden dann im städtischen Umfeld in Graz private Büchersammlungen, Gelehrtenbibliotheken von Ärzten, Juristen und Theologen angelegt. Erst gegen Ende des 16. Jahrhunderts entstand den Klosterbibliotheken eine ernstzunehmende Konkurrenz, die Kollegiumsbibliothek der Grazer Jesuiten, die ab 1585 als Universitätsbibliothek geführt und in den beiden folgenden Jahrhunderten kontinuierlich ausgebaut wurde.

Für die meisten Klosterbibliotheken kam in der Josephinischen Zeit das Ende: mit den Säkularisierungen des Klosterbesitzes wurden auch zahlreiche Bibliotheken eingezogen und landeten in der staatlichen Universitätsbibliothek. Rund 40 Bibliotheken Steiermarks und Kärntens gelangten so nach Graz - ein Buchbestand, der fast ein Jahrtausend steirischer Bibliotheksgeschichte überspannt: von den frühesten Handschriften aus karolingischer Zeit des 9. Jahrhunderts bis hin zu den reichen Druckschriftenbeständen der kirchlichen Renaissance- und Barockbibliotheken. Neben den Klosterbibliotheken haben auch etliche der erwähnten Privatbibliotheken steirischer Intellektueller und auch Büchersammlungen aus adeligem Besitz ihren Weg in die Universitätsbibliothek Graz gefunden.

Dieses Dokumentenerbe war bisher immer nur einem kleinen, elitären Kreis zugänglich - hauptsächlich konservatorischer Bedenken wegen, denn diese jahrhundertealten Handschriften und Drucke sollten selbstverständlich noch ferneren Generationen zugänglich bleiben und nicht durch allzu intensive Nutzung "verbraucht" werden. Den einschlägigen Wissenschaftlern ist es bisher nicht gelungen, diese Unmengen an Quellen-Material ausreichend zu erforschen und zu interpretieren - man schätzt, dass vielleicht fünf Prozent des Dokumentenerbes in Österreich wissenschaftlich untersucht sind. Das österreichische Biotop der aktiven Handschriftenforscher war für diese immense Aufgabe immer zu klein.

So ist der Zutritt in diese Welt der historischen Dokumente auch für den Laien verschlossen geblieben wie Dornröschens Turm, und nur wer die hinderlichen Schwellen wie Schrift, Sprache und Komprimierung überwinden kann, der mit Substrat, Code und Kanon der mittelalterlichen Kodizes zurechtkommt, wird die stummen und geheimnisvollen Zeugen unserer Vergangenheit zu beredten und offenherzigen Berichterstattern verwandeln.

Das angesprochene Dilemma des Bibliothekars, den Auftrag des Dokumentenerhalts mit dem des möglich liberalen Zugangs zu vereinen, wurde schon seit langem mit allen möglichen Methoden versucht, etwa durch ausführliche, beschreibende Kataloge in gedruckter Form oder auch durch Surrogatmedien, z. B. Mikrofilme und Faksimiles. Mit den Möglichkeiten der elektronischen Medien ergeben sich aber nun ungleich komfortablere Zugänge für jedermann, für die scientific community weltweit.

Macht man sich kundig, was sich in den europäischen Bibliotheken auf dem Gebiet der Digitalisierung tut, könnte man schwindlig werden ob all der Projekte, Ankündigungen und Absichtserklärungen. Doch bei genauerem Hinsehen handelt es sich meist um isolierte Projekte, mit denen Bibliotheken lediglich beweisen wollen, dass sie digitale Dokumente produzieren können. Viele der gelungenen Internet-Präsentationen digitalisierter Buchschätze wiesen als einzigen Schönheitsfehler nur ein erstaunlich weit zurückliegendes Erstellungs- oder Änderungsdatum auf. Und kaum jemand gibt Auskunft darüber, was nach den ersten beeindruckenden Titelblatt-Scans, optischen Appetizern und Zimelien-Shows weiterhin geschehen soll. Langfristige Konzepte, integrierte und nachhaltige Ansätze sind kaum zu finden. Die vielen Projekte, die über ein-zwei Jahre laufen, können nur als erste Ansätze gewertet werden - die Phase der Digitalisierung unseres historischen Dokumentengutes wird sicherlich zwei bis drei Jahrzehnte dauern. Über 90% des weltweit gespeicherten Wissens ist analog gespeichert - die Last der Medienkonversion wird vor allem den Sammlungen aufgebürdet werden.

---

[11] In: http://www.dbi-berlin.de/dbi_pub/bd_art/bd_2000/00_03_01.htm, abgedruckt in: BIBLIOTHEKSDIENST Heft 3, 2000. Siehe auch: http://www-ub.kfunigraz.ac.at/SOSA/sosa.html; http://www-ub.kfunigraz.ac.at/SOSA/katalog/index.html. E-Mail an den Autor: hans.zotter@kfunigraz.ac.at. Siehe dazu auch die Datenbank "Früh- und hochmittelalterliche Buchmalerei in Österreich": http://mailbox.univie.ac.at/Friedrich.Simader/hssdata.htm

Das allseits bekannte Programm der UNESCO Memory of the world, das den besonderen Schutz des internationalen Dokumentenerbes zum Gegenstand hat, setzte sich zwei Hauptziele: conservation and access. Und die Digitalisierung scheint für beide Anliegen den Königsweg zu bieten, wenn vorläufig auch umstritten bleibt, wer den organisatorischen Aufwand der dauerhaften Aufbewahrung von Archivfiles übernehmen soll. Buchbewahrende Verwaltungsstrukturen gibt es seit Jahrtausenden, wer die langfristige Verwaltung des digitalen Gedächtnisses übernehmen wird, zeichnet sich für Österreich noch nicht so recht ab.

Das österreichische Nationale Komitee des Memory of the world hat zusätzlich noch weitere Parameter für Projekte im Rahmen des Programmes definiert, die sich aus der Grundkonzeption ableiten lassen. Es sind dies

· Nachhaltigkeit,

· Wahrung / Wiederherstellung von Dokumentenensembles und die

· Besetzung neuer bibliothekarischer Arbeitsfelder

Das Projekt Digitalisierung des steirischen Dokumentenerbes der Universitätsbibliothek Graz ist auch mit den Jahren erst zu der nun vorliegenden Konzeption gereift. Es umfasst nunmehr mehrere Stufen, die sich durch die kontinuierliche Arbeit in diesem Bereich teilweise von selbst ergaben:

1. Online-Zugang zu den Metadaten – Katalogisate und Forschungsdokumentation

2. Erstellung von Archiv-CD-ROMS der mittelalterlichen Handschriften (BITMAP, TIF, JPG)

3. Aufbereitung des digitalen Rohmaterials in elaborierten CD-ROMs zu bestimmten Themenkreisen mit graphischer Oberfläche und zusätzlichen Features (Hyperdocument).

4. Darbietung der Archiv-CD-ROMs auf einem Server mit der Möglichkeit eines Downloadens gegen Gebühr

Mit dieser Konzeption ist die Vorstellung verbunden, dass wir grundsätzlich alle 2200 Handschriften des Bestandes zugänglich machen wollen und darüber hinaus auch weitere Dokumentenbereiche unserer Sammlung in ähnlicher Konzeption in eine digitale Library einbringen werden. Im Bereich der Nachlassmaterialien haben wir bereits die ersten Schritte unternommen (Metadaten, digitalisierte Dokumente), Faksimileausgaben (Metadaten), Inkunabeln (Metadaten in Vorbereitung), historische Einbände, seltene Druckausgaben.

Unser erstes Anliegen war es, den in drei Bänden vorliegenden, gedruckten Handschriftenkatalog online zugänglich zu machen, womit wir 1993/94 begannen. Ich erspare Ihnen die lange Geschichte des Scannens und mühseligen Korrigierens von drei Katalogbänden, die angesichts der inzwischen wesentlich verbesserten Softwarepakete wie eine Sage aus fernen Zeiten anmutet. Mindestens ebensoviel Zeit musste eingesetzt werden, die Informationen der Kataloge auf den neuesten Stand zuzuführen und alle wissenschaftlichen Arbeiten, die in der Zwischenzeit erschienen waren, einzuarbeiten. Ich musste lernen, dass ein Online-Katalog eine andere Natur hat, als ein gedruckter Katalog - er wird nie fertig, er ist nie abgeschlossen. Er hat auch keine natürlichen Grenzen, die ein Regelwerk etwa für die Anlage eines Katalogisats vorgibt, der Katalog verändert seine Natur in Richtung Forschungs-Dokumentation, in die alles Eingang finden kann, was uns an Erkenntnissen zu unseren Handschriften zuwächst.

Dieser Grazer Online-Handschriftenkatalog hat bisher kaum Gegenstücke anderswo – in Amerika den Katalog der Beinecke-Library, in Deutschland neuerdings Ansätze mit sogenannten Image-Katalogen, die natürlich nicht den Such-Komfort eines Textfiles bieten können. Während im Bereich der gedruckten Bücher übergreifende Online-Kataloge, z.B. KVK, oder der virtuelle Gesamtkatalog der Landesbibliotheken, schon seit einiger Zeit Standard geworden sind, sind wir bei den Handschriftenkatalogen von diesem Niveau noch weit entfernt. Den Online-Katalog stets aktuell zu halten, wird ab nun einen nicht unerheblichen Teil unserer fachlichen Kapazität dauerhaft binden.

Eine weitere Gesetzmäßigkeit der digitalen Welt wurde mir sehr bald klar - die Unersättlichkeit des Publikums. Kaum hatten wir die Implementierung der Metatexte in Angriff genommen, wollten die solcherart verwöhnten Forscher auch die Dokumente selbst haben, die mittelalterliche Kodizes unseres Bestandes, digital und am besten online.

Die Begrenztheit unserer personellen und finanziellen Ressourcen interessierten niemand, man erwartete, dass die Arbeit von Jahrzehnten sofort verfügbar werden sollte. Wer sich auf das Ziel der digitalen Bibliothek einlässt, setzt sich generell einer enormen Beschleunigung aller Arbeitsvorgänge aus, einem wachsenden Erwartungsdruck.

Seit 1995 befassen wir uns mit der Digitalisierung mittelalterlicher Handschriften, das heißt der Erstellung von Bildfiles in höchster Wiedergabequalität. Die ersten Stücke nahm für uns die italienische Firma ESEDRA aus Bergamo auf, mit denen wir uns im selben Jahr auch bereits auf der Frankfurter Buchmesse präsentierten. Dann kam der erste Rückschlag, weil unser Unterhaltsträger - das Bundesministerium - bei der Finanzierung gewisse Probleme sah; erst gegen Ende 1996 kam von dieser Seite ein Gegenvorschlag : doch in Eigenregie die Digitalisierung in Angriff zu nehmen.

Als Pilotprojekt zur Erarbeitung von Erfahrungsparametern bekamen wir Zusagen zuerst für ein Jahr - ein Equipment und das Geld für zwei Werkverträge. Dass das Projekt unter diesen Bedingungen überhaupt zum Laufen kam, ist nicht zuletzt Verdienst des technischen Leiters des Projekts, Herrn Karl Lenger, der sich in kurzer Zeit in die für ihn damals auch völlig fremde Materie der Digitalisierung mittelalterlicher Kodizes einarbeitete.

Es gab ja kaum einschlägige Erfahrungen und auch keine Konzepte. Bescheiden nahmen wir uns auch nur vor, spätmittelalterliche, kleinformatige Standardhandschriften zu digitalisieren, um an diesen weniger problematischen und weniger wertvollen Objekten Erfahrungen zu sammeln und uns erst in der Folge an schwierige, großformatige, besonders wertvolle Pergamentkodizes zu wagen. Mit einem Minimum an eingesetzten finanziellen Mitteln konnten wir solcherart ein Optimum an Ergebnissen erzielen.

Ein Beispiel für sparsamen Einsatz der Mittel ist auch unser Kameratisch, der alle konservatorischen Auflagen für die Aufnahme wertvollster Buchobjekte voll und ganz erfüllt. Moderne Kameratische kosten einige 100.000 Schilling, ohne die von uns geforderten Bedingungen erfüllen zu können. So baute der Restaurator der Universitätsbibliothek Graz DI Manfred Mayer, nach eigenem Entwurf einen entsprechenden Kameratisch, der in der Folge noch weiter optimiert wurde. Inzwischen wenden sich die deutschen Kollegen vom Digitalisierungszentrum in Göttingen an uns, um einen solchen Tisch für ihre Arbeit bei uns zu bestellen. Informationen zu diesem Tisch finden sich im Internet auf der Göttinger Homepage.

Die vom Bundesministerium erwarteten Ergebnisse und Erfahrungsparameter konnten wir nach Ablauf des ersten Jahres auch liefern; eine Verlängerung um ein weiteres Jahr wurde dadurch möglich. Der Schwerpunkt unserer Arbeit verlagerte sich nun auf die Produktion sogenannter elaborierter CD-ROMs; daneben läuft die Erstellung von Archiv-CD-ROMs natürlich noch weiter. In einem Jahr können mit einem Equipment und zwei Mitarbeitern rund 100 Handschriften aufgenommen werden.

Wir sind so in der Lage, jede unserer Handschriften innerhalb kurzer Zeit zu liefern - bei Bestellungen werden noch nicht aufgenommene Handschriften vorgezogen und können nach etwa zwei bis drei Arbeitstagen auch geliefert werden. Bereits vorhandene CD-ROMs können innerhalb eines Tages versandfertig gemacht werden. Einzelbilder von bestimmten Seiten werden in der Regel als attached document mit E-Mail verschickt.

Die bereits genannten elaborierten CD-ROMs sind Materialsammlungen für bestimmte Zielgruppen von Käufern. Sie erfordern eine umfangreiche wissenschaftliche Vorbereitung durch Mitarbeiter der Sammlung, in der Hauptsache durch Ute Bergner.

Als erstes nahmen wir uns die Buchmalerei der mittelalterlichen Kodizes vor. Aus den illuminierten Handschriften wurden sämtliche Miniaturen und die dekorierten Initialen aufgenommen. Das Bildmaterial ist so umfangreich, dass wir es auf mehrere CD-ROMs verteilen müssen. Allein der Bildschmuck der romanischen Handschriften aus dem Kloster Seckau füllt eine eigene CD-ROM, die seit circa einem Jahr lieferbar ist. Der zweite Teil, die Miniaturen der romanischen Handschriften des Klosters St. Lambrecht steht unmittelbar vor der Fertigstellung, für die romanischen Miniaturen der übrigen steirischen und Kärntner Klöster wird eine dritte CD-ROM notwendig werden. Wie viele CD-ROMs wir für die viel umfangreichere gotische Buchmalerei brauchen werden, können wir noch gar nicht abschätzen.

Diese Miniatur-CD-ROMs bieten also das Bildmaterial in aufbereiteter Form dar. Man kann über vier Zugriffsoptionen die rund 1.200 Bilder etwa der Seckauer CD-ROM durchforsten, nach Lokation, Illustrationstyp, Maltechnik und Bildmotiven. Dazu gibt es erweiterte Katalogisate zu den illuminierten Handschriften, mittelalterliche Musik aus Seckauer Handschriften und zu guter Letzt auch ein Video zum Seckauer Kloster.

Diese Konzeption schlugen ein, um marktfähige Produkte zu schaffen, die attraktiv sowohl für wissenschaftliche Interessenten wie auch für den Markt der Buchliebhaber sein sollen. Die Erwartung der Unterhaltsträger geht nämlich dahin, dass wir einen wachsenden Anteil der Kosten durch Vermarktung und Sponsoring selbst abdecken.

Immerhin gelang es uns, unseren Unterhaltsträger zu bewegen, das Projekt zwei weitere Jahre, bis Ende 2001 weiter zu finanzieren. Zusätzlich übernahm zum ersten Male auch das Land Steiermark einen Finanzierungsanteil für diese beiden Jahre. Wir gingen auch die Verpflichtung ein, durch Vermarktung unserer Arbeit einen großen Teil unserer laufenden Kosten selbst zu decken.

So ist es uns zur Jahreswende 2000 gelungen, ein zweites Digitalisierungs-Equipment aufzubauen, einen zweiten verbesserten Kameratisch mit einer zweiten wesentlich leistungsfähigeren Kamera. Wir konnten im Keller der Universitätsbibliothek Graz neue Räume beziehen und werden ab nun mit zwei Equipments arbeiten. Der zweite Tisch ist nicht zuletzt für die Abwicklung der ständig zunehmenden Fremdaufträge gedacht - mit verschiedenen Bibliotheken konnten Abmachungen getroffen werden, Handschriften und wertvolle Buchobjekte im Auftrag zu digitalisieren. Das für das zweite Equipment notwendige Personal wird zur Gänze aus den Aufträgen finanziert werden.

Im letzten Sommer wickelten wir z. B. einen Auftrag ab, 5000 Seiten Protokollmitschriften des Phonogrammarchivs in Wien aus den Jahren 1906-1934 zu digitalisieren. Das Phonogrammarchiv wird diese Bildfiles in eine große digitale Publikation ihrer historischen ethnographischen Tondokumente einbauen.

Soeben haben wir einen Vertrag mit der Steirischen Landesausstellung 2000 abgeschlossen, der die Gestaltung eines Hyperdokuments und eines virtuellen Modells für den Eingangsraum des Schlosses Eggenberg zum Inhalt hat. Ich kann nicht ohne Stolz sagen, dass derartige Aufträge - die wir nebenher abarbeiten - anderswo als selbständige Digitalisierungsprojekte ausgelobt werden. Auch sind die Summen, die uns zur Verfügung gestellt werden, recht bescheiden - in der Hauptsache die Kosten für zwei Werkverträge. Von den Summen, die der deutsche Forschungsfond für Digitalisierungsprojekte ausschütten, können wir in Österreich nur träumen.

Als nächste Entwicklungsstufe ist die Online-Darbietung der bisher digitalisierten Handschriften noch für dieses Jahr geplant. Besonders schwierig erweist sich die Formulierung der Zugangsbedingungen, die natürlich ein Abgehen von den bisher üblichen Benützungsusancen darstellt. Es gilt einen Mittelweg zu finden zwischen einem möglichst liberalen und preiswerten Zugang zum Buchgut des steirischen Mittelalters und dem Auftrag Gewinne zu erlösen. Auch ist der Wunsch der besitzenden Bibliotheken, die Übersicht über die wissenschaftliche und eventuelle gewerbliche Nutzung des Datenmaterials zu behalten, durchaus nachvollziehbar. Die bisher praktizierten Zugangsmodelle zu Datenbanken oder elektronischen Zeitschriften können nur teilweise als Muster für den geplanten steirischen Dokumentenserver dienen. Denn selbstverständlich reichen unsere Digitalisierungsphantasien schon weit über unseren Handschriftenbestand hinaus - auch wenn wir mit der Digitalisierung der Kodizes sicherlich noch länger als ein Jahrzehnt beschäftigt sein werden.

Doch die Zukunft hat schon begonnen, die digitale Bibliothek nimmt zusehends Gestalt an, der Bibliothekar wandelt sich von librarian zum Cybrarian - wir müssen uns nur noch ein wenig gedulden, bis die scientific society und die interessierten Laien dieses ambitiöse Angebot im vollen Umfang annehmen werden.

Anhang 2

Walter Steinmetz:

Armarium Runense

Kleiner Führer durch die Reiner Stiftsbibliothek[12]

„Ein Kloster ohne Bibliothek ist eine Burg ohne Waffen", sagt ein lateinisches Sprichwort des Mittelalters. Die Bibliothek ist somit das „Armarium", eine Waffenkammer des Geistes.

Besucher des Zisterzienserstiftes Rein können im Rahmen von Führungen auch einen Teil der Stiftsbibliothek besichtigen. In den folgenden Ausführungen soll ein Überblick über die wichtigsten Sehenswürdigkeiten und Exponate dieser Institution geboten werden.

Zur Geschichte der Bibliothek:

Die ersten für den Klosterbetrieb benötigten Bücher dürften die aus Ebrach zugewanderten Mönche wohl aus ihrem Mutterkloster mitgebracht haben. Aber schon im ersten Jahrhundert seines Bestandes entwickelte die Neugründung ein bedeutendes Scriptorium, eine Schreibwerkstatt, die nicht nur den Bücherbedarf des Klosters deckte, sondern auch Buchbestellungen von außerhalb erledigte.

Aufbewahrungsort der Bücher war auch in Rein ein eigener Raum, das sogenannte Armarium. Seine Spuren, am Kreuzgang gelegen, hat P. Dr. Leopold Grill freigelegt und auch eine Zeichnung davon publiziert: „Schreiten wir von hier aus neben den nun wieder sichtbar gemachten Eingängen in das Auditorium (Sprechsaal), in den Ostdurchgang und in den Kapitelsaal gegen die Kirche zu, so sehen wir nun in der Mauer die aus aufeinandergestellten Steinen gebildeten zwei Leibungen mit interessanten Kapitälen von dem breiten Eingang in die allererste Klosterbibliothek, Armarium genannt. ... (Es ist) dem noch ganz bestehenden Armarium von Le Thoronet an der französischen Riviera nachgebildet.... Das Armarium von Le Thoronet ist nur um ein weniges kleiner, als es das zu Rein war. Auffallend ist auch besonders, daß das französische Vorbild als Mittelstück eine verlängerte Würfelkapitälsäule hat, welche ganz den Reiner Kreuzgangsäulen der ältesten romanischen Epoche entspricht.... Durch diese Entdeckungen sind wir nun auch in der Lage, die ganze Entwicklung der Reiner Bibliothek zu verfolgen 1).

Um 1270 reichte dieses Armarium für den Bücherbestand wohl nicht mehr aus, sodass man dann über dem ursprünglichen Armarium an den Stiegen, die vom Oberstock (Dormitorium) in die Kirche hinunterführten, eine zweite Bibliothek errichtete. Wie lange dieser Raum seine Aufgabe allein erfüllen konnte, ist nicht bekannt, möglicherweise ist er der im Inventar von 1568 genannte Bibliotheca inferior.

Der spätere Abt Angelus berichtet in seinem 1395 angelegten Totenbuch, dass Abt Bernhard, 1265-1281/2, neben dem Hospiz ein Abthaus errichtet habe, in welchem auch eine Bibliothek und eine Schreibstube untergebracht waren. Es handelt sich dabei wahrscheinlich um eine eigene Abtsbibliothek, wie sie in manchen Klöstern vorkommt. (Einige Handschriften blieben übrigens bis ins späte 19. Jahrhundert beim Abt und wurden erst dann in den Bestand der großen Bibliothek eingereiht: So erklären sich auch die hohe Signaturziffern [204, 206] beim „Wurmprecht- Kalender" und beim „Wolfgang-Missale".)

Das Inventar von 1568 nennt auch eine Bibliotheca superior, die seit der Renaissancezeit einen großen Teil des Raumes des ehemaligen Dormitoriums (Schlafsaal) einnahm. Von diesem Aufbewahrungsort für Bücher hört man auch im Zusammenhang mit den Umbauten nach 1600 (Neubau des Konventgebäudes unter Abt Matthias Gülger, 1612). Diese Bibliothek hatte 10 „cathedrae" auf der linken und 4 auf der rechten Seite, war also eine Pultbibliothek.2) Diese über der alten Sakristei (heute Winterkirche) gelegene Bibliothek verblieb bis 1739 an diesem Ort.

Rein war das letzte steirische Stift, das unter seinem damaligen Abt Placidus Mally (1710 -1745) in barockem Stil umgebaut wurde. Mit dieser Bauperiode erhielt es sein heutiges Aussehen, wonach die Klosteranlage eine innere Geschlossenheit bildet und das Höfesystem besonders betont wird. Nach fast zehn Jahren war die romanische Basilika bis auf wenige Reste abgetragen und die spätbarocke Kirche fertiggestellt. 1738 wurde mit dem Umbau begonnen, am 5. November 1747 konnte das Gotteshaus von Abt Marian Pittreich, der das Werk seines Vorgängers vollendete, eingeweiht werden.

Nach 1753 wurde die Stiftsbibliothek in die heutigen Räume des Nordtraktes verlegt.

Der im Jahr 1511 erbaute ehemalige Pulverturm wurde in die barocke Anlage einbezogen und beherbergt heute den Arbeitsraum. Die Räumlichkeiten der Bibliothek umfassen etwa 580 m2, die Raumhöhe beträgt ca. 4,5 m. Bei Besichtigungen durchquert man den Vorraum, dann das sogenannte „Philosophenzimmer" (56 m2) und wird dann in den Schauraum (unregelmäßiger Rechteckgrundriss, 110 m2) geführt. Die anderen Räume der Bibliothek dienen als Magazin und sind seit den Renovierungsarbeiten zum 850-Jahrjubiläum des Stiftes mit Dexion-Stahlregalen eingerichtet.

---

[12] Dieser Beitrag soll nächstens in einer Festschrift (30 Jahre Reiner Kreis) gedruckt werden (Mitteilung von Dr. Steinmetz im März 2002).

Im Schauraum 3) befindet sich ein kleiner Teil der Buchbestände der insgesamt etwa 90.000 Bände umfassenden Bibliothek, sowie in Vitrinen eine Auswahl der kostbaren Handschriften und typischen Reiner Bucheinbände. Auf diese Exponate wird im Anhang zu diesem Text eingegangen.

Die Decke des Schauraumes ist 1753 vom Hofmaler Joseph Amonte, in drei Felder geteilt, freskiert worden. Das ohne Parallelen dastehende Programm verbindet Theologisches mit Zeitgenössischem. Im Mittelfeld ist das „Neue Testament" als Erfüllung des „Alten Testaments" dargestellt: Christus, an dessen Schulter ein mächtiges, weit in den Himmelsraum hineinragendes Kreuz als Siegeszeichen lehnt, nimmt mit seinem Szepter den Schleier vom Haupt Moses. Dieses hier dargestellte Thema ist eine Paraphrase auf den Inhalt des zweiten Korintherbriefes. Unter der Christus-Gestalt sieht man das Spruchband „Ecce nova facio omnia" (Siehe, ich mache alles neu), auf der Bundeslade neben Moses liest man „Vetera transierunt" (Das Alte ist vorbei). Dieses Fresko wird von vier Medaillons umrahmt. In den beiden westseitigen Bildnisse sieht man Grazer Jesuitenmärtyrern zu sehen, in den beiden anderen Papst Benedikt XIV. (1740-1758), flankiert von zwei Kardinälen aus dem Zisterzienserorden, sowie der erst am 5. April 1753 gewählte Salzburger Erzbischof Siegmund III. von Schrattenbach, der Seckauer Bischof Leopold III. Ernst Graf Firmian (1739-1763) und der letzte Abt von Citeaux, Francois Trouve. In den Ecken die vier lateinischen Kirchenväter mit ihren Symbolen, Gregor (Hl. Geist) und Ambrosius (Bienenstock), Augustinus (Herz und Pfeil) und Hieronymus (Löwe). An der Ostseite sieht man ein Medaillon mit der Darstellung des hl. Johannes Sarkander (mit Schlüssel), eines Jesuiten, der in Graz zum Priester geweiht wurde. Er ist wegen seiner standhaften Weigerung, das Beichtgeheimnis zu verletzen, 1620 den Märtyrertod gestorben.

Die Mitte des südlichen Freskenfeldes nimmt ein Medaillon mit den Büsten der Kaiserin Maria Theresia und ihres Gemahls Franz I. ein, umgeben von Apollo mit Lyra und den neun Musen. Das Nordfresko zeigt den hl. Bernhard vor der Muttergottes mit dem Jesuskind. Neben den Knien des Heiligen liegt ein aufgeschlagenes Buch mit den Worten „In cantica" (Hohes Lied). Über ihm der hl. Benedikt, der auf seine Ordensregel hinweist. Von der rechten Seite schwebt ein Engel mit einem Buch hinzu, während eine Tiara, eine Krone und ein Pallium hinter ihm auf den Wolken liegen.

Die Fresken in den vier Saalecken stellen die vier aus Rein hervorgegangenen Bischöfe dar: Martin Durlacher (Bischof von Wiener Neustadt, 1553), Amelreich (Bischof von Lavant, 1265 - 1267), Johannes Zollner (Weihbischof von Regensburg, 1531) und Anton Wolfrath (1582 in Köln geboren, zunächst Mönch in Rein, dann Abt von Wilhering, 1613 zum Abt des Benediktinerstiftes Kremsmünster postuliert, welches Amt er auch als Fürstbischof von Wien, 1631-1639, beibehielt).

Der Raum wird durch elegant geschwungene Bücherregale gegliedert, die 1838 von einem Gratweiner Tischler (F. Eberl) zum barocken Stil passend verfertigt wurden. Sie zeigen bemalte Holzsäulen mit vergoldeten korinthischen Kapitellen, die von vasenartigen Aufsätzen bekrönt sind.

Zur Geschichte des Buchbestandes:

Schon Anton Weis war klar -und er weist in seinem Vorwort zu seiner 1906 erschienenen Druckausgabe 4) des frühesten Reiner Bibliothekskatalogs von 1568 darauf hin, - dass die heutige Bibliothek in bezug auf ihre Handschriften nur mehr ein Torso sein kann, denn aus dem Gründungsjahrhundert sind aus dem 12. Jahrhundert, aus dem 14. Jahrhundert haben sich 20 Stück erhalten, das schreibfreudige 15. Jahrhundert weist 46, das 16. Jahrhundert noch 41 Codices auf. Einige Rückschlüsse lassen sich aus den Fragmenten, d. h. Überresten, ziehen: Aus einstigen Codices, die später bei Reparaturen der Einbände als Vorsatzblätter, Einbandbezug oder- noch schlimmer, zerschnitten als Falz zur Verstärkung der Lagenheftung von Papierhandschriften - verwendet worden sind, sind bisher Fragmente aus dem 11. bis 16. Jahrhundert festgestellt worden. Das Parzivalfragment des 13. Jahrhunderts aus Cod. 205 hat 1851 schon Josef Diemer publiziert. Es bezeugt, wie viele anhand nicht vollständig erhaltener Texte, eine gewisse Eigenständigkeit des Reiner Bestandes.

Betrachtet man die heute noch vorhandenen mittelalterlichen Handschriften, so fällt dem Benützer mancherlei auf. Die Eigenständigkeit bzw. Erweiterungen durch Verse und spätere Ergänzungen bei Listen bei den Schriftstellern des 12. Jahrhunderts legt Franz Unterkircher im Kommentar zum Reiner Musterbuch dar5). Eine Sermoneshandschrift eines Reiner Mönches aus dem 12. Jahrhundert, Cod. 94, ist in Bearbeitung, eine andere, von einem Reiner Bernhardus - 1568 noch im Inventar - ist verloren. Rein besitzt eine Cronica Ottonis in Cod. 39, sowie etliche Handschriften mit Texten von Engelbert von Admont. Von den Kirchenvätern ist Augustinus noch am besten vertreten, während von Gregor dem Großen auffallend wenig überliefert ist. Der berühmteste Zisterzienser, Bernhard von Clairvaux, ist häufig , und zwar mit echten und zugeschriebenen Werken vertreten. Von einem Reiner Hausautor, Abt Angelus Manse, ist in Cod. 63 die Vorrede zu einem Schismentraktat erhalten, war er doch selbst beim Konzil von Konstanz gewesen und daher mit der Materie vertraut. Von den Gelehrten der Wiener Universität wie Heinrich von Langenstein ist wenig; von Thomas Ebendorfer, im Inventar von 1568 mit 4 Titeln genannt, ist leider nichts mehr vorhanden.

„Das Inventar von 1568 weist einen noch weitaus größeren Bestand an alten Büchern auf: außer den 30 pergamentenen Büchern, die im Chor für das gemeinsame Gebet auflagen, sind darin 587 Büchertitel mit z. T. freilich recht vagen Angaben festgehalten. 2 Bibliotheksräume beherbergen sie. In der Bibliotheca inferior standen ohne jegliche Gliederung 290 Bände mit 261 Titeln - also etliche mehrbändige Werke darunter - ebenso ohne ersichtliche Ordnung wie in der Bibliotheca superior. Diese obere Bibliothek ist, wie schon erwähnt, in cathedrae gegliedert, jede mit 13 bis 32 Büchern, wahrscheinlich nach Größe, belegt; auf der rechten Seite lagen auf den Pulten zusammen 258 Bücher, auf der linken Seite lauten die Zahlen für die einzelnen Pulte 17, 13, 18 und 30, dazu kommt noch der schon erwähnte

Anonyma-Katalog auf dem letzten Pult. Das Inventar scheint vielfach von den damals noch vorhandenen Titelschildern abgeschrieben worden zu sein, wie manche Verlesungen vermuten lassen. Nur in der cathedra 7 ist noch eine Spur der einstigen Ordnung greifbar; dort gehören die ersten 3 Titel eindeutig zum Fach Medizin; der 4. Titel, De oculo, hat eigentlich dort nichts mehr zu tun, denn er entspricht wahrscheinlich dem heutigen Cod. 32, einem moraltheologischen Werk namens De oculo morali.

Unter all den angegebenen Büchern sind nur 7 in deutscher Sprache, alles andere ist lateinisch geschrieben. Sie stehen mitten unter den anderen in einem sachlichen Kunterbunt, auch einzelne Bände mehrbändiger Werke lagen selten beisammen, sondern waren vielfach auf mehrere Pulte verstreut". 6)

Viele Bücher aus ehemaligem Stiftsbesitz sind schon im Katalog von 1568 nicht mehr genannt, so z.b. jene, die vom Stift an die neue Zisterze Neuberg (gegründet 1327) gegeben wurden.

Es ist heute natürlich schwer verständlich, wie es in alter Zeit möglich war, auf wertvolle Handschriften so wenig Ordnungssinn zu verwenden. Von den „pergamenten Büchern" für den Gebrauch im Chor hat sich wohl nur das Antiphonale (Cod 100, und zwar nur der Sommerteil!) erhalten, und auch aus diesem Buch sind Miniaturen herausgeschnitten worden! Handschriften die aus Rein stammen, sind an verschiedenen Orten aufgetaucht. Peter Wind7) hat Erzeugnisse aus dem Reiner Scriptorium des 12. Jahrhunderts in vielen anderen Bibliotheken nachgewiesen, und aus der Warschauer Nationalbibliothek erfährt man von Handschriften mit Reiner Besitzvermerken8) ; die durch Hermann Menhardt erforschte und auch von Unterkircher dargestellte Bibliotheksreise des kaiserlichen Hofmedicus Wolfgang Lazius9) im Jahre 1549 führte zum Verlust von wichtigen steirischen Handschriften, und zwar besonders in Rein (in Vorau „entlehnte" Lazius nur 3 Handschriften!); in Rein war damals die Situation für den mit kaiserlichem Empfehlungsschreiben ausgestatteten Büchersammler besonders günstig: 1549 war noch der Sohn des Landeshauptmanns, Ludwig Ungnad, Kommendatarabt von Rein, und wurde schließlich vom Kaiser zum Rücktritt gezwungen. Schon vor Ungnad waren ungeeignete Äbte wie Johannes V. Zollner am Werk10). Von großer Bedeutung für die Erweiterung des Buchbestandes war hingegen Abt Wolfgang (1491 - 1515) gewesen, unter dem im Stift auch das Buchbinderhandwerk seine Blütezeit erlebte11).

Nicht nur die Raumsituation, sondern auch der Buchbestand war mannigfachen Änderungen unterworfen. Planmäßige Erweiterungen gab es im 18. und 19. Jahrhundert:

1759 erwarb Abt Marian Pittreich einen großen Teil (etwa 1300 Werke) der sogenannten „Grazer Hofbibliothek" (Bibliotheca Ferdinandea), d. i. die Bibliothek Erzherzog Ferdinands (ab 1619 Kaiser Ferdinand II.). Wichtige Kostbarkeiten der Reiner Bibliothek (darunter 20 Frühdrucke, 47 Handschriften des 16. und frühen 17. Jahrhunderts) stammen aus diesem Ankauf.

Viele Werke wurden unter den Äbten Ludwig Crophius (1823 - 1861) und Vinzenz Knödl (1861-1890) angeschafft. Bedeutende Bibliothekare wie Alexander Grillwitzer oder Anton Weis sorgten für eine planmäßige Erweiterung der Bestände, und die Anschaffungen lassen auf intensive wissenschaftliche Betätigung von Stiftsangehörigen (z. B. im Bereich des historischen Forschung) schließen. 1878 vermachte die Witwe des Diplomaten Freiherr Josef von Werner dessen Büchersammlung (Schwerpunkte: Staatswissenschaften, Werke zur Geschichte, ebenso Ausgaben der deutschen und französischen Literatur) dem Stift; bedeutende Bestände (vor allem zum Fach Kirchenrecht) stammen aus der Bibliothek von Univ. Prof. Rudolf von Scherer (gest. 1918). Alexander von Westerholt vermachte im Jahr 1919 seine Bücherschätze (besonders Werke zur Geschichte Norddeutschlands, zur Genealogie sowie Militaria) unserer Bibliothek.

Aus finanziellen Gründen war eine planmäßige Erweiterung der Bücherbestände im 20. Jahrhundert nicht mehr möglich. Neuerwerbungen stammen aus Spenden bzw. Nachlässen (vornehmlich von Konventsmitgliedern). Wirtschaftliche Notsituationen zwangen das Stift besonders 1932 zur Veräußerung wertvoller Bücher (z. B. Barock-Atlanten, Erstausgaben von Werken Keplers..); nur selten wurde auf den Katalogzetteln vermerkt, dass Bücher verkauft hatten werden müssen. Im Zweiten Weltkrieg (Zeit der NS-Verwaltung) mussten die Bibliotheksräume ein volkskundliches Institut aufnehmen (viele Bücher wurden ausgelagert, vieles verschwand) und in der ersten Zeit nach dem Krieg gab es auch Schäden während der kurzfristigen russischen Besetzung des Stiftes. Das Hochwasser von August 1975, welches zwischenzeitlich ausgelagerte Bücher hinwegschwemmte, führte zu weiteren Verlusten.

Ab diesem Jahr machte der Zustand der Bausubstanz durchgreifende Restaurierungsmaßnahmen notwendig. Diese Arbeiten wurden bis zum Jubiläumsjahr 1979 durchgeführt, dabei wurde auch der Schausaal saniert.

Die Restaurierungsarbeiten hatten unter anderem dazu geführt, dass aus dem Großteil der Bibliotheksräume die Bücher ausgeräumt werden mussten. Die Wiedereinstellung der Bestände hatte zum Teil unter großer Eile stattgefunden, sodass die ursprüngliche Ordnung - soweit sie überhaupt vorhanden gewesen war - nicht mehr galt.

Die Neuordnung des historischen Buchbestandes wird nun seit 1985 systematisch durchgeführt und ist so gut wie abgeschlossen.

Ein großer Teil dieses Altbestandes ist auf Katalogzetteln verzeichnet, die sich jedoch im ungeordnetem Zustand befanden. Daher mußten diese Zettel erst vorsortiert werden, um - zur Arbeitsersparnis - ihre Wiederverwendung zu ermöglichen. Vieles aus dem Altbestand musste jedoch auch erneut katalogisiert werden: entweder waren die alten Zettel nicht mehr aufzufinden, oder sie waren schon so vermodert, daß neue zu schreiben waren (und sind!). Neu aufgenommen werden laufend die „Neu - Zugänge", da nach 1918 (!) kaum ein Werk, welches in die Bibliothek gelangte, katalogisiert wurde. Der Konvent verfügt außerdem (in der Klausur) über eine Handbibliothek, die die für die ganz aktuelle Arbeit benötigte Literatur enthält. Nicht mehr benötigte Werke werden schließlich in die „große" Bibliothek überstellt und hier katalogisiert.

Ein großer Teil des gesamten Bibliotheksbestandes (etwa 100.000 Objekte!) ist mittlerweile über den Autorenkatalog und über spezielle Fachgebietskataloge wieder verfügbar.

Inzwischen sind für spezielle Bereiche des Buchbestandes, wie für die „Bibliotheca Ferdinandea" und für die Inkunabeln (bis 1500 entstandene Drucke) - ebenso für die Exlibris-Sammlung - neue Kataloge auf EDV-Basis erarbeitet worden; eine erweiterte Neubearbeitung des 1891 erschienenen Handschriftenkataloges von Anton Weis konnte 2001 vorläufig fertiggestellt werden. Ein EDV-Katalog, der Laufnummern, Standortsignaturen, Autornamen, Kurztitel und Erscheinungsjahre anzeigt, ist zur Zeit im Entstehen.

Exponate in den Vitrinen:

A) Im „Philosophenzimmer":

1) Vitrine „Kostbare Einbände":

MISSALE Cisterciense; Paris, M. A. David, 1751;
Sign. *1471
Goldschnitt: Samteinband mit Silberbeschlägen; Hinterdeckel: Reiner Wappen

BIBEL
Catholische Bibell, übers. v. J. Dietenberger
Köln. G. Calenius und J. Quentels Erben, 1571; Sign. 46456
Exemplar mit altkolorierten Holzschnitten
Schnitt: Figurenprogramm mehrfarbig auf Goldgrund
Deckel: Messingbeschläge mit 10 eingelassenen Medaillons

MISSALE Cisterciense; Paris, Dion. Mariette, 1739
Sign. *1470
Ziselierter Goldschnitt; Samteinband mit Silberbeschlägen

2) Vitrine „Zur Geschichte des Stiftes" (Leihgaben des Stiftsarchivs)

Chartularium Runense des Abtes HermannMolitor, 1450:
Aufgeschlagen die Abschrift der Urkunde mit der ersten Nennung von Graz (1128)

Necrologium Runense: Ältestes Totenbuch, angelegt von Abt Hermann Molitor ab 1390, mit späteren Ergänzungen.
Aufgeschlagen: Monat Oktober; in der linken Spalte Eintrag mit Hinweis auf das
Gedenken an die Gründer des Stiftes, Markgraf Leopold von Steyr und seine Gattin Sophie

Originalurkunde Papst Pius II, Mantua 26. Luli 1459:
Verlegung des Reiner Kirchweihfestes; Stiftsarchiv A / X / 74

Professurkunde des späteren Abtes Marian Pittreich vom 19. November 1724

Verschiedene Reiner Gnadenschlüssel, vergeben an die Gläubigen zum Schlüssel-Sonntag, d. h. zu dem Sonntag, an dem auch nicht zum Kloster gehörige Personen auch die Stiftskirche betreten durften.

B) Schausaal

1) Vitrine „Reiner Handschriften vom Ende des 15. Jahrhunderts"

Codex 206: Missale ad usum monasterii Runensis
„Wolfgang-Missale"

Handschrift auf Pergament, datiert Rein 1493, 285 Bll
Einbandgröße 34 x 24,5 cm
Handschrift mit außerordentlich fein gemalten Miniaturen; leider wurden um 1830 mehrere Blätter entnommen und an privat verkauft (heute: Privatbesitz in München).
Das fehlende Canon-Bild ist daher nur in der beigelegten Monographie von Hinrich Sieveking: Der Meister des Wolfgang-Missale von Rein (München 1986) zu sehen.
Ein ähnliches Missale wurde zur gleichen Zeit auch für Straßengel gearbeitet. Diese Handschrift befindet sich nun in Trient; ein Foto aus diesem Codex wurde in der Vitrine zum Vergleich beigegeben.

Codex 100: Antiphonale Cisterciense
Pars Aestivalis a pascha usque ad adventum domini
Handschrift aus der 2. Hälfte des 15. Jahrhunderts auf Pergament, 327 Bll
Einbandgröße 60 x 41 cm; Holzdeckeleinband (weißes Leder) aus dem 16. Jahrhundert, mit massiven Messingbeschlägen versehen.
Viele vergoldete und mit Miniaturen verzierte Initialen und Randleisten.
Eine dieser Miniaturen wurde (auf Bl 133) herausgeschnitten und durch eine andere, vermutlich aus dem Wolfgang-Missale (Cod. 206) ersetzt.

2) Vitrine „Inkunabeln" (Frühdrucke bis 1500)

Joannes Friburgensis: Summa Confessorum Germanice..
Hie nach volget das Register.-..
Augsburg, Joh. Bämler, 1478; Hain * 7368
Bedeutender Titelholzschnitt; Druck un Schwarz und Rot
Die „Maiblumen-Initialen" sind für die Augsburger Frühdrucke typisch

Sebastian Brant: Stultifera Navis (Das Narrenschiff), Inc. 21 (8°) (9867)
Druck: Basel, Joh. Bergmann von Olpe, 1. März 1497
(Erste lateinische Ausgabe); Hain *3747
Der Titelholzschnitt und die 114 Textholzschnitte
werden dem jungen Albrecht Dürer zugeschrieben

Bonaventura: Meditationes vitae Domini Inc. 21 (4°) (9512)
Druck: Augsburg, Günther Zainer, 3. Dezember 1468, Hain *3557
Ältester datierter in Rein befindlicher Druck!
Solche frühen Drucke zeigen noch kein Titelblatt und sind noch
wie Handschriften ausgemalt worden; man beachte die auf Goldgrund gemalte Eingangsinitiale!
Die beigelegte Kopie zeigt die Schlussschrift des Druckes, in der Druckort, Drucker und Datum genannt werden (für diese frühe Zeit sehr selten!)
Einband: Maroquin mit Goldprägung

Heures a l'usage de Rome Inc. 20 (8°) (9416)
Druck: Paris, Ph. Pigouchet, 1495
Druck auf Pergament
Das einzige bekannte Exemplar dieses Buches!
Die Initialen des Druckes wurden (auch in Gold) koloriert; die ganzseitigen Abbildungen und Randleisten in Metallschnitt wurden nicht koloriert;
die vor- und nachgeschalteten unbedruckten Blätter zeigen Eintragungen in französischer Sprache

Biblia Germanica (Neunte Deutsche Bibel), Bd 2 Inc. 119 (Fol) (9626)
Druck: Nürnberg, Koberger, 17. Febr. 1483; Hain *3137
Dieser bedeutende Bibeldruck wurde mit wunderbaren Holzschnitten ausgestattet, die im vorliegenden Exemplar koloriert wurden

3) Vitrine „Zur Entwicklung der Schrift vom 12. bis zum 14. Jahrhundert"

Codex 12
Handschrift vom Ende des 12. Jahrhunderts auf Pergament; 147 Bll
Inhalt: Hugo v. St. Victor: De tabernaculo et archa et mensa und andere Werke
Mehrfarbige Initialen
Format des Buchblocks: 17,4 x 12,3 cm
Romanische Buchschrift vom Leiter des Reiner Scriptoriums (gleicher Ductus in den Handschriften 12, 23, 35, 37, 51, 53, 59, 85, 94).
Initialseite mit mehrfarbigem Rahmen; Reiner Besitzvermerk (Eintrag aus dem 17. Jahrhundert), früherer Besitzvermerk am Ende des Bandes (vgl.
Kopie: Iste liber pertinet ad sanctam Mariam Rune!)

Codex 13
Handschrift des beginnenden 13. Jahrhunderts auf Pergament, 129 Bll
Format des Buchblocks: 18,7 x 12,7 cm; kein Einband
Inhalt: Bernardus Claravallensis: Epistolae
Bernhard von Clairvaux hat das Ideal christlicher Einfachheit gepredigt; seit 1134 war die Herstellung luxuriöser Buchmalerei in den Zisterzienser-
stiften verboten.
Mitte des 12. Jahrhunderts bestimmte ein Generalkapitel, dass Initialen nur einfärbig und ohne Figuren herzustellen seien („litterae unius coloris
fiant et non depictae").
Text in spätromanischer Minuskel

Codex 16
Der Band enthält zwei Handschriften aus dem 12. bzw aus dem 13. Jahrhundert
1) Miracula Sanctae Mariae (12. Jh.) 99 Bll
2) Boëthius: De philosophiae consolatione libri V (13. Jh.) Bll 101 - 138
Format des Einbandes: 19,8 x 11 cm
Reiner Besitzeintrag des 17. Jahrhunderts

Codex 64
Handschrift des 12. Jahrhunderts auf Pergament, 183 Bll
Format des Buchblocks: 29,2 x 19,2 cm; kein Einband
Inhalt: Haymo von Halberstadt, Expositio super apocalypsim S. Joannis
Einfache Romanische Initialen, Text in karolingischer Minuskel;
Eintragungen von späterer Hand auf den letzten drei Seiten (Vorwort zum vorliegenden Werk); drei Pergamentblätter aus einem Brevier des 14.
Jahrhunderts wurden der Handschrift vorgebunden.

Codex 89
Handschrift vom Ende des 12. Jahrhunderts auf Pergament; 236 Bll
Initialen in Gold und Farben
Format des Einbandes: 31.3 x 20,5 cm
Einband: Reiner Klostereinband, datiert 1502, mit Blindstempeln:
Reiner Marienmonogramm, Initialenstempel Abt Wolfgang „WA 1502"
Inhalt:
Psalmi, cantica breviarii de tempore et symbolum Athanasianum cum glossa interlineari et marginali
Spätromanisch-frühgotische Buchschrift in westeuropäischem Ductus: Haupttext größer in der mittleren Spalte, in den Außenspalten Marginalien in
kleinerer Schrift (Kommentar), in den Mittelspalten in Kleinschrift die Interlinearglossen
Am Anfang des Buches Eintrag mit einer Initiale aus Rein, die noch aus dem 12. Jahrhundert stammt.

Codex 204:
Handschrift des 14. Jahrhunderts auf Pergament, 224 Bl mit farbigen Initialen und kleinen Miniaturen
Einbandgröße 32 x 23.5 cm
Inhalt:
1. Bl. 1 r - 13 v. Kalender von Wurmprecht.
Am Schluss. Das ist der Kalender von Wurmprecht, beschriben ze Wyenn nach Christi gepuertt drewczehen hundert darnach in Lxxiij. jar an sand Greguergen abent in der vasten. Deo gracias.
Dieser Kalender soll der der älteste deutsch geschriebene sein
2. Bl. 14 r bis 234 r. Des Nicolaus von Lyra (U 1341) Glosse über den Psalter, verdeutscht von Heinrich von Mügeln.
Anf. Propheta magnus surrexit in nobis. Luce septimo capitulo. Es ist ze merchen, daz etleich psalm sint.
Am Schluss: Anno ab incarnacione domini nostri Jesu Christi 1372. M°.ccc°. lxxij°. 4. ydus Decembris est finita ista glosa super spalterium (!) Nicolai de Lyra. Nach vnsers herren Jesu Christi gepuert drewczehen hundert Jar dar nach in zway vnd sibenczigisten Jar am freitag vor sand Lucein tag ist die Glozz veber den psalter geschriben vnd geentt, die der erber Lèrer Nychlas von derLeyern von erst in Latein gemacht vnd beschriben hat, der ein Muench mynner prueder Ordens gewesen ist, vnd darnach von dem getrewen Mann Hainrichen vom Muegellein in Dewtzsch gepracht ist. Die geschriben hat Johannes vom Hoff auz der Voyt Lant dem erbern Mann Ludweigen, Purger ze Eger. Deo detur graciarum accio.
Auf Bl. 234 v eine andere Hand des XV. Jahrh. 3 Rezepte für Weinverbesserung eingetragen (Wein süss behalten, Schmachender wein, Seyger wein). Siehe beigelegte Kopie!
Einband: Geprägtes helles Leder (Reiner Stiftswappen) mit Silberbeschlägen

Codex 205
Sammelhandschrift des 15. Jahrhunderts auf Papier, 263 Bll
Einbandgröße 32 x 22 cm
Die Handschrift enthält Texte zur Moraltheologie (z. B.: Heinricus Ariminensis, OP, Tractatus de quatuorvirtutibus cardinalibus), aber auch Texte, die Seneca zugeschrieben werden oder von ihm stammen u. a. m.
Beim Binden des Buches wurden als Spiegelblätter zwei Blätter aus einer Handschrift des 13. Jahrhunderts verwendet, die 724 Verse aus Wolfram von Eschenbachs „PARZIVAL" enthalten. Das Reiner Parzivalfragment wurde erstmals im Jahr 1851 von Jos. Diemer publiziert.

4) Vitrine „Reiner Klostereinbände des 15. und frühen 16. Jahrhunderts":

Codex 22
Sammelhandschrift des 14. Jahrhunderts auf Pergament; 149 Bll
Einbandgröße 21,1 x 15,7 cm: zwei Originalschließen
Reiner Blindstempeleinband: Vierblättrige Blume, von sechsfachen Streicheisenlinien umrahmt; Kopfstempel am Einbandrand. Der Einband stammt aus der zweiten Reiner Bindeperiode (unter Abt Wolfgang, 1481 - 1515) um ca 1500
Inhalt:
Manuale sacerdotum
Manipulus exemplorum et sermonum
Sermones de sanctis et festis per annum
u. a. Texte für den Gebrauch in der Seelsorge

Codex 34
Handschrift des 14. Jahrhunderts auf Pergament; 244 Bll
Einbandgröße 23 x 16 cm: zwei Originalschließen.
Reiner Blindstempeleinband, mit den Initialen „W(olfgangus) A(bbas) 1502,
dazu Stempel mit dem Reiner Marienmonogramm und neue feingeschnittene Stempel, die rein ornamentalen Charakter tragen.
Inhalt:
Malogranatum (auctore Gallo, abb. Aulae-Regiae OCist = Königssaal in Böhmen)

Codex 38
Handschrift des 12. Jahrhunderts auf Pergament; 142 Bll
Einbandgröße 24,1 x 16 cm: Schließen unkomplett Reiner Blindstempeleinband, Fläche durch Streicheisenlinien in Rautenform eingeteilt, Stempel mit dem Reiner Marienmonogramm und Fabelwesen;
Umrahmung: Florale Motive (Rollenstempelprägung)
Am Schluss der Handschrift Schreiberverse:
Uox intellecta dum facta parit tibi recta,
Fer prece scriptori ueniam lector studiose.
Cedat in amborum fructum res nempe duorum.
Scripsit que legeres, monimentum sit tibiqe res.
Dann ergänzte noch eine andere Schreiberhand:
Finis adest libri, potus detur michi vini
(Das Ende des Buches ist erreicht, ein Trunk Weines soll mir [dem Schreiber] gereicht werden). Siehe die beigelegte Kopie!
Inhalt:
Bedae Venerabilis in proverbia Salomonis libri III
S. Hieronymi expositio in librum Ecclesiasten

Codex 59
Handschrift des 12. Jahrhunderts auf Pergament, 157 Bll
Einbandgröße 28,5 x 18 cm, Schließen unkomplett
Reiner Blindstempeleinband, auf dem verschiedene Reiner Stempel, darunter auch die Devise Kaiser Friedrichs III, AEIOV angewendet wurden, dazu Stempel mit den Initialen des Buchbinders GH (g h)
Inhalt: Beda Venerabilis: Historia Ecclesiastica Gentis Anglorum

Codex 70
Handschrift des 15. Jahrhunderts (1469 in Rein geschrieben) auf Papier, 370 Bll, 30,5 x 21,5 cm
Einband: Ältester erhaltener Bucheinband mit Blindstempeln aus der klösterlichen Buchbinderei
Er zeigt 11 verschiedene Blindstempel, darunter ein geflügeltes Tier und einen Löwen im Kreis. Die Deckelaufteilung zeigt ein im Zentrum des Mittelfeldes stehendes Kreuz, wie es auch bei frühmittelalterlichen Prachteinbänden aus Edelmetallen vorkommt.
Inhalt: Johannes Herolt: Sermones Discipuli

Inc 127

Gritsch, F.: Quadragesimale, Druck: Nürnberg, 17. Febr. 1479, Koberger
Hain *8066: 244 Bll, Einbandgröße 42, 5 x 29 cm
Einband: Deckel durch Stempelreihen in Rauten unterteilt; auch hier die für die
Reiner Klosterbände charakteristischen Stempel mit dem Reiner Marienmonogramm und der Devise AEIOV

Rechnungsbuch aus dem Stift Rein (Leihgabe Stiftsarchiv), 15. Jahrhundert (1473 - 1477)
Aufgeschlagen: Abrechnung über Buchbindematerial: Leder, Buckelbeschläge für Bücher; 1476: „ vmb puckl auf pücher 6 ß 15 Pf."; an anderer Stelle: „vmb i (eine) saw haut pro fratre Leonardo (ein Reiner Mönch) 3 ß Pf."

Anmerkungen:

1) Grill, Leopold, in: Marienbote des Stiftes Rein, 9. Jg (1950), Hft 2, S. 18 - 20

2) Dazu ausführlicher: Mairold, Maria: Die Bibliothek und ihre Kostbarkeiten, in: Stift Rein 1129 - 1979. 850 Jahre Kultur und Glaube, hg. v. Abt Paulus Rappold unter Mitarbeit von Karl Amon, Helmut Mezler-Andelberg, Norbert Müller, Ileane Schwarzkogler, Rein 1979, S. 525 f

3) Die Beschreibung folgt hier dem Text von N. Müller, in: Stiftsführer Rein (Christliche Kunststätten Österreichs Nr. 220), Vlg. St. Peter, Salzburg; 1. Aufl. (1993) S. 25 - 27

4) Weis, P. Anton: Die Bibliothek des Zisterzienser-Stiftes Reun in der zweiten Hälfte des 16. Jahrhunderts, in: Beiträge zur Erforschung steirischer Geschichte XXXV (N.F. 3 Jg.) 1906, S. 247 - 287

5) Unterkicher, Franz: Reiner Musterbuch. Faksimile-Ausgabe .. des Musterbuches aus Cod. Vindob. 507 der Öst. Nationalbibliothek (Graz 1979; Codices Selecti 64): Kommentarband S. 48 f

6) Mairold, S. 528 f

7) Wind, Peter: Reiner Handschriften des 12. Jahrhunderts in Bibliotheken anderer Klöster und Stifte, in: Zeitschr. des Hist. Vereins f. Steiermark 89 / 90 (1998 / 99); S. 31 - 56

8) Mitt. von 1992 aus Warschau an die Stiftsbibliothek: Die Handschriften mit den Warschauer Signaturen III 8009 (12. Jh.), 8010 (13 Jh.), 8011 (12. Jh.) und 8012 - 8018 (13. - 15. Jh.) stammen aus Rein. Sie kamen auf dem Umweg über die griechisch-kath. Kapitelbibliothek in Przemysl nach Warschau. Der Großteil dieser Handschriften wird im Reiner Katalog von 1568, einige auch noch im Katalog von 1656 genannt. Die Beschreibungen dieser Handschr. (in poln. Sprache) wurden der Reiner Stiftsbibliothek übermittelt.

9) Unterkircher, in der Einleitung zum Kommentarband (S. 9); diese Handschriften gelangten nach seinem Tod (1565) in die kaiserliche Hofbibliothek.

10) Von ihm meldet eine Series Abbatum Runesium (Handschr. 310, Teil 6, Bl. 59 r): „Cuius inutilia ac damnosa gesta hisce versibus describuntur": es folgen 7 Distichen, dann mehrere Seiten „Acta huius intrusi Præsulis...", ferner in Handschr. 310, Teil 8: „Item Joannes abbas ob malam administrationem suam visitari a Commissariis titulo exemtionis recusat ...1533"

11) Vgl. Handschr. 310, Teil 6, Bl. 53 v: „Plures ipse libros conscripsit, et sumptuosa volumina â suis conscribi curavit"; ferner: Laurin, Gertraut: Blindgedruckte Einzelstempelbände des 15. und 16. Jahrhunderts im Zisterzienserstift Rein bei Graz, in: Festschrift Julius Franz Schütz, hg. Berthold Sutter, 1954, S. 10 - 30, mit 8 Bildtafeln.